海洋法律与权益丛书

薛桂芳 主编

Studies on the Structure of
China's Regulatory Regime for Deep Seabed Mining

我国深海法律体系的构建研究

薛桂芳 XUE Guifang (Julia)
张国斌 ZHANG Guobin 　著

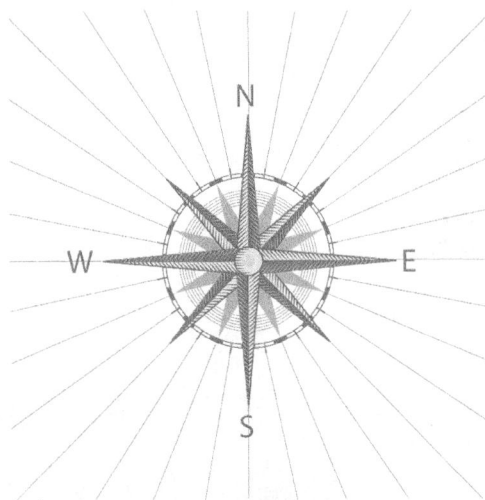

上海交通大学出版社
SHANGHAI JIAO TONG UNIVERSITY PRESS

内容提要

我国于 2016 年出台了《中华人民共和国深海海底区域资源勘探开发法》。该法的制定与实施是我国构建深海法律体系的开端,更多的配套法律法规仍需要进一步规划与制定,以为我国参与国际海底区域资源开发活动提供完善的法律保障。在此背景下,本书阐述了国际海底区域法律制度的演进态势和发展趋势,聚焦我国深海法律制度的现状,尤其是有待完善的领域和具体内容,并提出构建我国深海法律体系的理论基础及基本框架。我国需要结合自身的深海实践和科技实力,根据既有的深海法律政策基础和未来的发展目标,统筹规划和构建我国的深海法律体系。

图书在版编目(CIP)数据

我国深海法律体系的构建研究/ 薛桂芳,张国斌著
. —上海:上海交通大学出版社,2019(2020重印)
(海洋法律与权益丛书)
ISBN 978 - 7 - 313 - 22737 - 9

Ⅰ.①我… Ⅱ.①薛… ②张… Ⅲ.①海洋法—法律
体系—研究—中国 Ⅳ.①D993.5

中国版本图书馆 CIP 数据核字(2019)第 283604 号

我国深海法律体系的构建研究
WOGUO SHENHAI FALÜ TIXI DE GOUJIAN YANJIU

著　　者:薛桂芳　张国斌
出版发行:上海交通大学出版社　　　　　　　　地　　址:上海市番禺路 951 号
邮政编码:200030　　　　　　　　　　　　　　电　　话:021 - 64071208
印　　制:江苏凤凰数码印务有限公司　　　　　经　　销:全国新华书店
开　　本:710 mm×1000 mm　1/16　　　　　　印　　张:12
字　　数:190 千字
版　　次:2019 年 12 月第 1 版　　　　　　　　印　　次:2020 年 8 月第 2 次印刷
书　　号:ISBN 978 - 7 - 313 - 22737 - 9
定　　价:58.00 元

◆ 前 言

党的十八大以来,党中央、国务院高度重视深海大洋事业发展,把深海确定为四大"战略新疆域"之一。习近平总书记对我国深海大洋事业发展作出了一系列全面而精辟的论述。2016年,在全国科技大会上,他首次提出中国深海战略"三部曲",即"深海进入""深海探测"和"深海开发"。习近平总书记这一重要战略思想为我国从深海活动大国转变为深海强国指明了前进方向。

《联合国海洋法公约》规定:国际海底区域及其资源是人类共同继承的财产,对国际海底区域资源进行勘探、开发需要符合《公约》规定。作为该《公约》的缔约国,我国为了维护人类共同继承财产原则,维护我国利益,于2016年制定了《中华人民共和国深海海底区域资源勘探开发法》,标志着我国构建深海法律体系的开端,更多的配套法律法规仍在规划、制定之中。

深海法律制度既涉及国际法律制度,又涉及一国的国内法律制度,因此,本书从两个角度展开论述:一方面,从国际法角度对国际海底法律制度的演进和现状进行阐述;另一方面,从国内法角度对我国深海法律制度的现状进行阐释,尤其是对其存在的问题进行剖析,并提出了构建我国深海法律体系的理论基础以及基本框架。

随着国际海底区域资源开发规章制定工作的逐步开展与国际海底管理局定期审查的稳步推进,国际海底区域法律秩序正经历着大调整与变革,这对于我国构建深海法律体系是一个难得的机会。我国深海法律体系的构建需统筹规划,既要结合我国深海实践、深海法律基础,又要考虑深海科技发展、国际制度和规则的发展;既要维持法律规则的稳定性,也需要保持深海相关技术标

1

准、规程的开放性。因此,需在充分研究的基础上,统一规划,兼顾近期/中期/远期目标,按进度安排,力争做到整个法律体系内容完善、层次分明、结构合理。

本书部分内容基于中国大洋矿产资源研究开发协会办公室委托的《〈中华人民共和国深海海底区域资源勘探开发法〉解读研究》课题的研究报告。衷心感谢中国大洋矿产资源研究开发协会、全国人大环境与资源保护委员会法案室对本书写作的大力支持。衷心感谢上海交通大学极地与深海发展战略研究中心金建才教授的无私帮助及宝贵建议。因水平有限,书中不妥和疏漏之处,敬请批评指正。

作　者

2019 年 10 月 20 日

◆ 目 录

第一章 导 论

本书以我国深海法律体系①以及该体系下的具体法律制度的构建为研究对象,旨在对我国深海法律制度现状作出阐释,在此基础上,明确我国深海法律体系构建的原则、路径、基本制度等理论问题。

第一节 研究背景

深海海底区域是指国家管辖海域以外的海床、洋底及其底土,面积约为2.517亿平方千米,约占地球表面积的49%,蕴藏着丰富的资源。

科学调查表明,深海及其海底区域蕴藏着丰富的矿产资源和生物基因资源,是巨大的资源宝库,其中,深海矿产资源中的镍、钴、铜、锰等储量为陆地的几十至几百倍,是人类21世纪的重要替代资源,具有重要的战略意义和经济价值。② 此外,深海作为天然基因资源库,还蕴藏着巨大的应用开发潜力,是国家重要的战略资源。除了上述几种资源外,深海中还有许多具有重要潜在价值的资源,如磷酸盐、深海粘土和碳酸盐、海水中的溶解矿物等。在资源稀缺与经济全球化的背景下,很多国家把深海作为战略资源纳入国家公共政策制定系统,也有国家把开发深海资源放在国家战略层面上组织实施。走向深海

---

① 深海法律体系是我国规范深海海底区域资源勘探、开发及相关活动的法律体系,也可称为以《中华人民共和国深海海底区域资源勘探开发法》为基石的配套法规体系、深海法配套制度等。本书统一称为"深海法律体系"。参见新华社:"我国深海法配套制度不断完善",http://www.xinhuanet.com/politics/2017 - 05/08/c_1120934394.htm.最后访问日期:2018年7月12日。

② 阳宁、陈国光:《深海矿产资源开采技术的现状与发展趋势》,《凿岩机械气动工具》2010年第1期,第12—13页。

是海洋强国的标志,拓展深海新疆域是我国拓展生存空间、建设海洋强国的必然选择。[①]

我国早在 20 世纪 70 年代就开始对"区域"展开探索活动。1991 年,我国成为继苏联、法国、日本和印度之后第 5 个国际海底先驱投资者,获得了 15 万平方千米的多金属结核勘探合同区。2001 年,中国大洋矿产资源研究开发协会(简称"中国大洋协会")和国际海底管理局[②](简称"管理局")签订了位于东北太平洋的 7.5 万平方千米多金属结核勘探合同区;2011 年,签订了位于西南印度洋的 1 万多平方千米多金属硫化物勘探合同区;2014 年,签订了位于西北太平洋海山区的 3 000 平方千米富钴铁锰结壳勘探合同区。我国是世界上首个拥有 3 种主要国际海底矿产资源专属勘探合同区的国家。2017 年,中国五矿集团公司与管理局签署了多金属结核勘探合同。根据该项协议,中国五矿集团公司获得了东太平洋克拉里昂—克利帕顿断裂区多金属结核保留区内72 740 平方千米国际海底多金属结核资源勘探矿区的专属勘探权和优先开采权。2019 年 7 月 15 日,在牙买加首都金斯敦举行的国际海底管理局第 25 届会议上,北京先驱高技术开发公司提交的多金属结核勘探工作计划获得批准,获批勘探区位于西太平洋国际海底区域,面积约 7.4 万平方千米。[③] 至此,我国在国际海底区域的勘探矿区达到五块,在"区域"勘探活动方面处于世界领先地位。

根据《联合国海洋法公约》[④](以下简称《海洋法公约》)第 137 条第 2 款的规定,国际海底区域(以下简称"区域")及其资源为人类共同继承财产,对

---

① 金建才:《走向深海大洋是建设海洋强国的必然选择》,《海洋开发与管理》2012 年第 12 期,第 23 页。

② 国际海底管理局是一个政府间组织,是"区域"制度管理和控制"区域"内活动,特别是管理"区域"资源的组织。管理局于 1994 年 11 月 16 日《海洋法公约》生效之日起成立,总部设在牙买加首都金斯敦。管理局的主要机构为大会、理事会和秘书处,还包括直接从事深海海底区域资源商业开发活动的企业部。此外,还有两个由专家组成的常设附属机构:由大会选举的成员组成财务委员会和由理事会选举的成员组成法律技术委员会。

③ "我国在国际海底区域再获专属勘探区",新华网,http://www.xinhuanet.com/2019-07/18/c_1124767205.htm,最后访问日期:2019 年 9 月 10 日。

④ 《联合国海洋法公约》(United Nations Convention on the Law of the Sea)制定于1982 年,并于 1994 年生效。联合国条约登记号:1833 UNTS 397。http://www.un.org/zh/law/sea/los/article17.shtml,最后访问日期:2017 年 2 月 5 日。

"区域"内资源的一切权利由管理局代表全人类行使。1996 年 5 月 15 日,第八届全国人大常委会第十九次会议审议通过了《关于批准〈海洋法公约〉的决定》。《海洋法公约》规定:缔约国有责任确保具有其国籍或者其控制的自然人或者法人依照公约开展"区域"内活动,并对此活动提供担保。担保国对承包者因没有履行《海洋法公约》规定的义务而造成的损害负有赔偿责任,但如果担保国已经制定法律和规章,并采取行政措施有效管控其担保的承包者在"区域"内的活动,则担保国应无赔偿责任。[①] 担保国制定的相关法律、法规、规章便构成了深海法律体系的基石。因此,构建深海法律体系是我国通过国家立法有效管控我国担保的承包者在"区域"内活动的重要举措,既是履行国际义务的需要,也与履行国际义务与减免国家赔偿责任相一致。

我国是实际从事深海海底区域活动的主要国家之一,深海法律体系有利于对我国深海海底区域资源勘探、开发活动的合理管控,促进其向科学、合理、安全和有序的方面发展。与此同时,我国的深海科学技术研究水平、深海资源勘探开发能力建设与发达国家相比仍存在较大差距,深海法律体系有利于整合资源,避免重复建设,以推进科研水平和勘探、开发能力的提升,促进我国深海事业的健康发展。

2016 年 2 月 26 日,第十二届全国人民代表大会常务委员会第十九次会议通过了《中华人民共和国深海海底区域资源勘探开发法》(以下简称《深海法》)。[②] 该部法律确立了我国对深海海底区域资源的勘探开发活动的许可制度、环境保护制度、科技发展与资源调查等制度,对于规范我国深海资源勘探开发活动、推进深海科学技术研究及资源调查、保护深海环境和促进资源可持续利用,均具有重要作用。为我国公民、法人或者其他组织从事深海海底区域资源勘探、开发和相关环境保护、科学技术研究、资源调查活动提供了基本法律依据。

---

① 《海洋法公约》第 153 条。
② 《中华人民共和国深海海底区域资源勘探开发法》于 2016 年 2 月 26 日由中华人民共和国第十二届全国人民代表大会常务委员会第十九次会议通过,自 2016 年 5 月 1 日起施行。参见中华人民共和国中央人民政府网,http://www.gov.cn/zhengce/2016 - 02/27/content_5046853.htm,最后访问日期:2017 年 3 月 2 日。

为了实施《深海法》，国家海洋局①制定了一系列的配套制度。2017 年4 月 27 日，国家海洋局正式印发《深海海底区域资源勘探开发许可管理办法》等规范性法律文件。② 《深海海底区域资源勘探开发许可管理办法》根据《深海法》《中华人民共和国行政许可法》等有关法律制定，以加强对深海海底区域资源勘探、开发活动的管理，规范深海海底区域资源勘探开发活动的申请、受理、审查、批准和监督管理，促进深海海底区域资源可持续利用，保护海洋环境。2017 年 12 月 29 日，国家海洋局印发《深海海底区域资源勘探开发样品管理暂行办法》③和《深海海底区域资源勘探开发资料管理暂行办法》。④ 两部暂行办法根据《深海法》《中华人民共和国保守国家秘密法》和《中华人民共和国档案法》等有关法律法规制定，旨在规范深海海底区域资源勘探、开发和相关环境保护、科学技术研究、资源调查活动中所获取深海样品与资料的管理，充分发挥深海样品与资料的作用，促进深海科学技术交流、合作及成果共享，保护深海样品与资料汇交人权益。⑤

为了规范我国载人潜水器潜航学员选拔程序和加强载人潜水器潜航学员的培训工作，国家海洋局于 2017 年 2 月批准发布的《载人潜水器潜航学员选拔要求（医学部分）》和《载人潜水器潜航学员培训大纲》⑥等海洋行业标准已于2017 年 6 月 1 日起实施。《载人潜水器潜航学员选拔要求（医学部分）》规定了

① 2018 年 3 月 13 日，第十三届全国人民代表大会第一次会议通过国务院机构改革方案，组建自然资源部，不再保留国土资源部、国家海洋局。自然资源部对外保留国家海洋局牌子。参见"国务委员王勇向十三届全国人大一次会议作关于国务院机构改革方案的说明"，http://www.gov.cn/xinwen/2018 - 03/13/content_5273653.htm，最后访问日期：2018 年 5 月 3 日。本书为行文方便，对被撤销的国家海洋局仍然表述为"国家海洋局"。

② "《深海海底区域资源勘探开发许可管理办法》"，国家海洋局网，http://www.soa.gov.cn/zwgk/gfxwj/jddy/201705/t20170503_55849.html，最后访问日期：2017 年 8 月 5 日。

③ "国家海洋局关于印发《深海海底区域资源勘探开发样品管理暂行办法》的通知"，中国大洋协会网，http://www.comra.org/2018 - 01/04/content_40131051.htm，最后访问日期：2019 年 5 月 22 日。

④ "海洋局关于印发《深海海底区域资源勘探开发资料管理暂行办法》的通知"，国务院网，http://www.gov.cn/gongbao/content/2018/content_5299622.htm，最后访问日期：2018 年 5 月 19 日。

⑤ "《深海法》新增两项配套规范性文件 规范深海样品与资料管理"，搜狐网，http://www.sohu.com/a/214912225_713222，最后访问日期：2018 年 5 月 12 日。

⑥ 《载人潜水器潜航学员选拔要求（医学部分）》和《载人潜水器潜航学员培训大纲》全文请参见国家海洋局网，http://www.soa.gov.cn/zwgk/hygb/gjhyjgg/201702/t20170222_54898.html，最后访问日期：2017 年 8 月 5 日。

潜航学员选拔的医学技术要求,包括外科、内科、耳鼻喉及口腔科、眼科、神经科、妇科(女性)、辅助检查、特殊检查、精神卫生及心理等。《载人潜水器潜航学员培训大纲》规定的培训内容,包括职业素养培训、体质体能与心理训练、基础理论培训、载人潜水器理论与技术培训、载人潜水器操作技术培训、海上作业实习、实艇操控培训。潜航学员培训周期为两年。《载人潜水器潜航学员选拔要求(医学部分)》和《载人潜水器潜航学员培训大纲》的发布,是发展我国深潜事业的重要举措,有助于培养一支专业化的潜航员队伍,提升我国海洋探索的探测能力与研究水平。[①]

我国深海法律体系的核心法律——《深海法》刚刚实施,而配套行政法规、部门规章、其他规范性文件、行业标准等仍处于缺位状态,这将不利于我国履行国际义务、维护我国深海海底区域国家利益。在此背景下,本书旨在解决以下问题:针对我国深海法律制度现状进行分析,结合我国国情、法律体系理论和深海法律体系的特殊性,考虑如何构建符合我国国情的深海法律体系。围绕这一问题,本书既注重从实施层面考察与分析我国深海法律制度和相关国际法律规则,也注重从价值层面判断与反思我国深海法律体系设计上的理论问题。如果深海法律体系框架是"骨骼",原则框架是"筋络",那么,制度框架就是"血肉"。我国深海法律体系基本框架的融合性与开放性决定了各项深海法律制度并非孤立存在,而是彼此支持、相互配合、共同发挥作用的规范共同体。根据我国深海海底区域活动构建起的深海法律体系,以抽象原则为指引,以基本框架为依托,以主要制度为基点,呈现出协调统一、和谐融通的有机整体。

第二节 研究价值及意义

在理论意义方面,鉴于深海法律制度涉及国际法(深海勘探与开发制度)、行政法(深海海底区域勘探开发行政许可)、环境保护法(深海勘探开发海洋环境保护)等众多领域,其中的理论争议多为跨学科难点问题,具有极高的分析与研究价值。而且,不同的知识体系、理论走向与价值考量相互重叠牵连、冲

---

① "我国潜航学员选拔和培训标准正式发布",新华网,http://news.xinhuanet.com/tech/2017-02/26/c_1120531238.htm,最后访问日期:2017年8月5日。

突竞合,亟须澄清法理、界明争议,进而为问题的解决提供切实可行的理论框架与法学支持。例如,深海海底区域资源勘探、开发申请者应由其国籍所属的缔约国担保,而此国家担保的含义与民法意义上的担保并不一致,而我国《深海法》却规定了许可制度。如果不及时释疑,这些理论问题极易成为适用深海法律制度、构建深海法律体系的问题"根源"。

在实践价值方面,深海法律体系作为支持、促进与保障深海海底区域活动有序发展的法制基础,其规则体系的健全和完善不仅直接影响深海海底区域勘探开发活动承包者的切身权益,还直接关系我国深海采矿业与其牵连产业的发展现状与未来。因此,深海法领域是法学理论与法学实践互动博弈的要地,与各国深海采矿产业的发展更是密切相关。

第三节　文　献　综　述

本书主要研究对象为我国深海法律体系,但这并不意味着国外有关深海海底区域活动的国内法没有借鉴意义。国际法对深海海底区域法律制度的规定需缔约国通过国内法予以确认。因此,对国外深海海底区域活动立法的考察有助于我国在比较中扬长避短。

《海洋法公约》生效之前,美国、德国、日本、法国、意大利等发达国家已经率先制定了有关海底资源勘探和开发的法律,以期在争夺深海海底区域资源的进程中抢占先机,这引起发展中国家的疑惑和忧虑。国际海底制度在《海洋法公约》通过之后逐步确立下来,海洋大国以及其他发达国家积极开始其国内的立法,通过法律制度的构建,以规范其国内企业深海海底活动。[①]

一、国外深海法律制度的制定

(1) 斐济:2013 年《国际海底资源管理法》(International Seabed Mineral Management Decree 2013)。

(2) 德国:2010 年《海底采矿法》[Seabed Mining Act of 6 June 1995 (the Act). Amended by article 74 of the Act of 8 December 2010]。

---

① 本部分对国外立法的论述参考了张梓太、沈灏、张闻昭:《深海海底区域资源勘探开发法》,复旦大学出版社 2015 年版。详细内容请参考该书第七章。

（3）捷克：2000 年《国家管辖外海洋矿产资源探矿、勘探和开发法》（Prospecting，Exploration for and Exploitation of Mineral Resources from the Seabed beyond Limits of National Jurisdiction. Act No. 1582000 of 18 May 2000）。

（4）英国：2014 年《深海采矿法》（Deep Sea Mining Act）。

（5）美国：1980 年《深海海底硬矿物资源法》（Deep Seabed Hard Mineral Resources Act 1980）。

（6）日本：1982 年《深海海底采矿暂行措施》（Act on Interim Measures for Deep Seabed Mining 1982）。

（7）库克群岛：2009 年《海底矿产资源法》（Seabed Minerals Act 2009）。该项法律的主要目标是为有效管理库克群岛专属经济区海底矿产建立法律框架。①

（8）法国：1980 年《深海海底矿物资源勘探和开发法》（Law on the Exploration and Exploitation of Mineral Resources of the Deep Seabed 1980）。

（9）新西兰：1964 年《大陆架法》（Continental Shelf Act 1964）；1991 年《皇室矿产资源法》（Crown Minerals Act 1991）。

（10）俄罗斯：1995 年《联邦大陆架法》（Federal Law on the Continental Shelf of the Russian Federation 1995）；1998 年《联邦专属经济区法》（Federal Act on the Exclusive Economic Zone of the Russian Federation 1998）。

（11）苏联：1982 年《苏联关于调整苏联企业勘探和开发矿物资源的暂行措施的法令》。

（12）澳大利亚：1994 年《联邦离岸资源法》（The Commonwealth Offshore Minerals Act 1994）。

（13）汤加：2014 年《海底矿产资源法》。

二、深海法律制度的重点问题

（1）主管深海事务的机构在政府中的层级；

（2）规范的深海活动类型（科研、探矿、勘探、开发）；

---

① 库克群岛 2009 年《海底矿产资源法》已经通过修订,待公布。

（3）对相关活动的管理方式（自由、备案、许可、批准）；

（4）如采用许可制，许可证的种类（勘探开发）、期限；颁发、变更、撤销许可证的条件；

（5）对从事深海活动的主体资质的要求（技术条件、财政条件）；

（6）被许可从事深海活动的主体的权利和义务；

（7）被许可人权利和义务的转让；

（8）对税费缴纳、保险等方面的规定；

（9）对法律责任（罚则）方面的规定；

（10）对执法监督方面的规定（管理或执法部门有哪些权限）；

（11）对环境保护的规定（预防原则、环境影响评价、应急机制等）；

（12）国家担保责任的规定。

我国对深海法律制度的研究起步较晚，在研究主题上也相对分散。在深海法律体系的构建问题上，相关的研究文献也较为有限。公开文献中最早对这一问题进行专门论述的是张梓太的《构建我国深海海底资源勘探开发法律体系的思考》一文。① 作者在文中着重讨论了构建我国深海法律体系意义、原则和内容构想。尽管近年来针对这一领域的关注与研讨逐渐增多，但停留在国际海底法律制度的概览介绍与宏观评价层面的文献依然居多，仅有少部分研究针对我国构建深海法律体系中的某些具体问题展开了深入分析与讨论。

三、相关文献分析

本书主要从三方面对国内研究现状进行综述。首先，对国内学界关于人类共同继承财产原则与国际海底制度的代表性论著进行简要梳理；其次，对勘探合同的履行与环境保护的研究现状进行综述；最后，是对开发规章的制定与新资源的法律地位的研究现状进行综述。

1. 关于人类共同继承财产原则与国际海底制度的讨论

国内关于人类共同继承财产原则与国际海底问题的研究比较丰富，研究成果尤其体现于近十几年内的学术论文和博士论文。

---

① 张梓太：《构建我国深海海底资源勘探开发法律体系的思考》，《中州学刊》2017 年第 11 期，第 52—56 页。

王宗来(1992)在其《〈联合国海洋法公约〉国际海底部分主要内容及其面临的问题》一文中分析了《海洋法公约》第十一部分产生的背景、主要内容、存在的分歧与修订问题。李红云(1997)的《国际海底与国际法》一书以其博士论文为基础,介绍了国际海底开采制度设立的历史过程和《海洋法公约》关于海底开采问题的一些具体规定,并论述了法律机构建设过程中的南北矛盾。金永明(2005)的博士论文《国际海底区域的法律地位与资源开发制度研究》论述了国际海底制度和人类共同继承财产原则。类似的还有王岩(2007)的博士论文《国际海底区域资源开发制度研究》。这些著作与论文对国际海底区域制度的法律地位与法律原则进行了详尽的论述。彭建明、鞠成伟(2016)在《深海资源开发的全球治理:形势、体制与未来》一文中指出:为了争夺丰富的海底矿产资源,美、日、俄等海权强国争先恐后地掀起了争夺开发权的"蓝色圈地"运动。在国际竞争日益激烈的背景下,深海矿产资源开发进入到从勘探向开采迈进的关键节点期,并以《海洋法公约》为基础,逐步形成了管理局、主权国家主管机构和跨国公司"三足鼎立"的深海资源开发全球治理体系。未来,围绕深海资源开发国际规则的制定,各方势力将展开激烈的博弈。

2. 勘探合同的履行与海洋环境的保护

承包者在国际海底区域进行资源勘探活动的前提是与管理局签订勘探合同。勘探合同是承包者在国际海底区域享受专属勘探权的依据。同时,勘探合同也为承包者设定了一系列的义务,其中,海洋环境保护便是承包者必须履行的重要义务。国际社会形成了系统完善的保护海洋环境的国际条约,管理局法律与技术委员会也出台了指导承包者海洋环境保护的指南。国内学者普遍认为应当对勘探活动中的环境保护义务进行梳理和研究,确保承包者遵守合同义务。

张梓太、沈灏(2014)认为,为维护我国海洋权益,我国应当在对他国的海底资源勘探和开发立法进行深入研究的基础上总结经验教训,开始并完善本国的相关专项立法。彭建明、鞠成伟(2016)认为,未来深海资源开发国际规则的制定争议之一是"环境保护"的问题。深海资源开发的反对者提出的理由是:深海环境特殊,深海采矿可能对深海环境造成不可挽回的损失。支持者则认为,深海采矿对海底环境的影响是可控的,并且相比陆地采矿对环境污染程度更小,所以,应当鼓励。除了学科和行业差异导致观点不同之外,两种主张还各有其鲜明的利益背景,如对资源需求不大的新西兰和西班牙、陆地资源输出国澳大利亚、无实力开采的发展中小国家等均强调"环境保护"。这一主张在开发规章的制定中则表现为通过不断提出各种苛刻的环境标准、在潜在矿区海域设立环境保全区等来限制甚至禁止国际海底采矿。

3. 深海开发规章的制定与新资源的法律地位

国内学界对深海采矿的研究始于 20 世纪 90 年代。张海启、肖汉强(1994)撰文提出,应从战略上认识深海矿产开发的重要性,而不是看短期经济效益。他们提出制约深海矿产开发的因素有:法律、技术和经济效益,主张充分发挥国内的技术优势,引进并吸收当代发达国家的现有技术。李波(1996)呼吁应尽快确立针对国际海底资源开发的更全面的战略,并且提出以维护权益为中心、以资源开发为目的、以技术发展为手段、以人才培养为保障、努力完善管理和营运机制共五个战略措施。进入 21 世纪,深海矿产资源的开发再次引起一些研究者的关注。栾维新、曹颖(2005)在分析了国际区域资源战略地位的基础上,重点研究了我国开发国际区域资源的现状问题及其主要"瓶颈"与机遇,并结合国内外实际提出区域资源开发产业化的国家战略。李晓飞、左高山(2014)认为,深海采矿规章的制定不仅涉及国际海底矿产资源开发和利用权益能否真正实现,而且也关系海洋强国战略能否顺利实施。姚海燕、王圣(2015)在《深海矿产资源开发模式与路径演化分析》一文中,梳理了深海矿产资源勘探开发的属性特征:战略性更强、技术要求更高、产业化时机尚未成熟、对海洋环境的影响尚不明确等。深海矿产资源的商业化开发很大程度上受国际矿产市场价格的影响,并且存在着政治风险。

第四节　研　究　方　法

本书主要运用了法解释学、价值分析与文献分析等研究方法。一方面,本书从历史视角出发,通过我国参与国际海底区域的实践历程来理解《海洋法公约》体系建立的深海海底区域制度。从《海洋法公约》对人类共同继承财产原则的确立到《海洋法公约》及其执行协定的达成;从管理局陆续出台的 3 个勘探规章到国际海洋法法庭海底争端分庭公布的 17 号咨询意见,再到如今正在讨论研究制定的深海开发规章,本书将深海海底区域制度体系作为一个延续性的规则体系进行语义分析和评价,偏重于考察这套体系由早期实践发展至晚近实践的重要变化及其变化的成因,注重阐释我国深海法律制度对深海海底区域国际法律制度的联系和借鉴。另一方面,本书从我国法律体系出发,着重分析我国深海法律制度的现状与尚未完全解决的难题。在分析了我国深海法律制度的出发点、必要性、立法原则等基础理论问题之后,本书提出构建我国深海法律体系的原则、思路、路径、制度内容与基本框架。

第一,法解释学。本选题涉及对《海洋法公约》、勘探规章、《深海法》在内的多项国际公约、国内法律法规文本的分析与释义,试图结合国际条约法和法理学的相关规则,以法解释学方法对条约、法律规定进行分析与研究,综合运用文理解释方法与论理解释方法。

第二,价值分析方法。价值分析是用以论证某一法律原则、规则或制度的正当性与合理性,或衡量某一法律现象或制度的正义标准,注重对应然范畴的考察。本研究涉及构建我国深海法律体系的原则、思路、途径等问题,试图结合价值分析方法进行研讨。

第三,文献分析方法。本研究特点之一是对管理局制定的各项规章、指南、规程、各个机构公布的文件进行持续跟踪并分析研究,这要求对卷帙浩繁的管理局文件进行查阅、整理和分析,并结合国内外学者在相关领域的研究报告来论证本书的观点。

第五节 本 书 结 构

本书以我国深海法律体系的构建为研究主体,兼顾涉及我国深海法律制度的国际法。鉴于深海海底区域活动距离陆地遥远且属近年兴起,本书对深海海底区域和深海海底区域活动进行了必要说明。本书主体部分根据下述逻辑顺序进行论述:深海海底区域与深海海底区域活动介绍→深海海区域法律体系的演进与现状→我国深海法律体系的现状与问题→构建我国深海法律体系的理论基础→我国深海法律体系的法律制度与基本框架。

本书除导论和结语外，主体部分共有七章。

第二章为"深海海底区域活动概要"。该章主要内容包括深海海底区域战略地位及其蕴藏资源、深海海底区域活动历史和发展态势、我国深海海底区域活动战略需求和发展历程等三部分。该章主要解决我国对深海海底区域活动的战略需求、我国在深海海底区域活动的实践基础，以及最为关键的我国构建深海法律体系的实践基础问题。

第三章为"深海海底区域法律制度的演进与现状"。内容包括国际海底区域法律制度的演进、开发规章对国际海底区域法律制度的发展、定期审查对国际海底区域法律制度的影响等三部分。该章主要解决国际海底区域法律制度的演进历史、现状和未来趋势等问题，为构建我国深海法律体系提供理论基础和规范来源。

第四章为"中国深海法律体系的现状与评价"。内容包括中国深海法律体系的现状构成、作为"基石"的《深海法》、对中国深海法律体系的问题剖析等三部分。该章以构建我国深海法律体系的基础展开，重点分析深海法律体系的基石《深海法》，旨在重点把握我国深海海底区域活动法律法规的现状，并找出问题所在，为构建我国深海法律体系奠定现实基础。

第五章为"构建中国深海法律体系的理论基础"。内容包括构建中国深海法律体系的必要性、构建中国深海法律体系的原则、构建中国深海法律体系的思路与路径等三部分。该章主要解决构建我国深海法律体系的必要性、原则、思路、路径等理论问题。

第六章为"构建中国深海法律体系的制度概述"。内容包括深海法律体系中的行政许可制度、环境保护制度、安全保障制度、监督检查制度和法律责任制度等四部分。该章主要解决深海法律体系中法律制度的构建问题。

第七章为"中国深海法律规范的完善建议"。内容主要包括对我国已经出台的深海法律规范性文件进行详细解读并提出改进建议，包括《深海海底区域资源勘探开发许可管理办法》《深海海底区域资源勘探开发样品管理暂行办法》和《深海海底区域资源勘探开发资料管理暂行办法》等。

第八章为"构建中国深海法律体系的制度构建"。主要是对我国尚未出台的深海配套法律规范进行规划和分析,内容包括《深海海底区域勘探开发活动环境保护管理办法》《促进深海科学技术发展和人才培养的指导意见》以及《深海海底区域资源勘探开发活动应急处置管理办法》等。该章连同第七章内容建立在前文的内容之上,提出了构建中国深海法律体系的基本框架思路。

第二章　深海海底区域活动概要

　　深海海底区域是"深海新疆域"的主体部分,之所以称其为"新疆域"是因为除了人类通过拓展空间获得新的物质和新的体验之外,它还体现了所承载的全球新问题和新挑战。① 从发展角度看,新疆域寄托着人类可持续发展的空间和资源的拓展。深海海底区域中所蕴含的资源是有待开发的宝库,具有重要的战略意义和经济价值。

　　随着人类科技水平、装备的不断提升以及对金属需求的逐渐增长,人类对深海海底区域的探索步伐加快。在 21 世纪深海资源开发的技术与实力角逐中,一些具备条件的国家已将深海海底区域视为地球上最后可以圈定的政治地理单元。各国对勘探开发活动的竞争,集中体现在国际海底区域矿区的圈占。

　　2012 年,党的十八大报告首次提出坚决维护国家海洋权益,实施海洋强国的战略。在落实海洋强国战略的宏伟计划中,习近平总书记高瞻远瞩,提前布局深海战略,提出加强全球治理,推动全球治理体系变革,积极参与深海新疆域国际规则的制定。我国《全国海洋经济发展"十三五"规划》明确规定深海事业发展的总体目标是:持续开展国际海底矿产资源调查与评估,积极推动新矿区申请。加强对国际海域勘探区、通航区及典型区域的环境调查与评价。着力提升深海技术装备能力,实施"蛟龙探海"工程,深入开展深海生物资源调查和评价,建设国家深海生物资源库及服务平台,推进深海矿业、深海装备制造、深海生物资源利用产业化。

　　走向深海是海洋强国的标志,拓展深海海底区域是我国拓展生存空间、建

---

　　① 杨剑:《深海、极地、网络、外空:新疆域的治理关乎人类共同未来》,《世界知识》2017 年第 10 期,第 39 页。

设海洋强国的必然选择。① 2016 年,习近平总书记首次明确提出"深海进入""深海探测"和"深海开发"的中国深海战略"三部曲"。拓展深海海底区域已经成为我国的共识。②

第一节　深海海底区域战略地位及其蕴藏资源

在资源和空间竞争日趋激烈的当代世界,深海海底区域为人类提供了巨大的利益前景。已有的科学发现表明,深海海底区域内蕴藏着丰富的金属、能源和生物资源。③ 随着陆地资源的日趋减少与科学技术的发展,深海海底区域必将成为国际社会经济、科技竞争,甚至是政治、军事竞争的重要场所。

一、深海海底区域概念界定

地球表面被各大陆地分隔为彼此相通的广大水域为海洋,其总面积约为3.6 亿平方公里,约占地球表面积的 71%,平均水深约 3 795 米。覆盖在地球表面的海洋,由于距离陆域位置远近的差别,海底地貌和地质状况的不同,以及海水各层尤其是表面水的温度、气体组成、水层动态生物分布等方面的不同,所以,海洋各部分无疑存在着区域差异,在海洋环境上表现出不同的生态特点。④

覆盖在地球表面的海洋,虽然是一个连续的整体,但由于其所处的地理位置和深度的不同,在不同地点,其环境要素所表现出的特点是不一样的。海洋学家和海洋生态学家为了研究工作的需要与统一,将海洋环境进行了划分。但是,应该指出的是目前的划分仍然存在着并非十分清楚的界限,这有待于人类对海洋的进一步了解认识和深入研究之后,才能更准确和更客

---

① 金建才:《走向深海大洋是建设海洋强国的必然选择》,《海洋开发与管理》2012 年第 12 期,第 23 页。

② 习近平:"为建设世界科技强国而奋斗",新华网,http://www.xinhuanet.com/politics/2016 - 05/31/c_1118965169.htm,最后访问日期:2018 年 6 月 14 日。

③ 陈德恭:《现代国际海洋法》,海洋出版社 2009 年版,第 407 页。

④ 赵淑江等:《海洋环境学》,海洋出版社 2011 年版,第 2 页。

观地划分。① 一般来说,海洋的水底环境包括所有海底以及高潮时海浪所能冲击到的全部区域。栖息在这一区域的生物对海底的形成及其性质起着很大的作用。水底环境可分为潮间带（Intertidal Zone）、②潮下带（Subtidal Zone）③、深海带（Bathyal Zone）和深渊带（Abyssal Zone）。

深海带是由水深200米至1 000—4 000米处这一区域,由此深度向下直至6 000米深度处为深渊带,再由此以下至大洋最深的海底称为超深渊带（Hadal Zone）。整个深海海底(包括超深渊底带在内)的环境特点为:光线极微弱或完全无光;部分海底温度终年很低（−1℃—5℃）,无季节变化,但在有热液喷口的海底水温变化急剧;海水很少垂直循环,仅有微弱的水平流动;没有任何光合作用的植物生长,但栖息有能依赖氧化硫化氢或甲烷以取得能量并进行碳酸固定的化学合成细菌,它们是最基础的生产者。④

《深海法》规定:深海海底区域是指中华人民共和国和其他国家管辖范围以外的海床、洋底及其底土。⑤ 深海海底区域这一定义与《海洋法公约》中"区域"一词的定义基本相同。《海洋法公约》规定:"区域"是指国家管辖范围以外的海床和洋底及其底土。⑥ 因此,深海海底区域与"区域"的地域范围并无二致。本书为行文需要,统一使用"深海海底区域"这一表述方式。

深海海底区域的地域范围是国家管辖范围以外的海床和洋底及其底土,要界定这一区域的范围,首先要清楚大陆架的概念。大陆架原是一个地质地理概念。按照这一概念,大陆架是由海岸向海自然伸展的一个地形坡度平缓的海底

---

① 赵淑江等:《海洋环境学》,海洋出版社2011年版,第7页。

② 潮间带是指有潮汐现象和受潮汐影响的区域。其上限是大潮最高潮线,下限是大潮最低潮线。潮间带有以下环境特点:光线充足;潮汐和波浪的作用强烈;周年温度变化较大,并且有周日变化;底质性状复杂,可分为岩底、砾石底、沙底和泥底及其过渡类型;生物种类多样化、食物丰富;每天有一定时间交替浸没在水中和暴露在空气中;受大陆影响大。赵淑江等:《海洋环境学》,海洋出版社2011年版,第10页。

③ 潮下带是指从潮间带下限至水深200米处这一区域。光照强度和温度是决定潮下带下限深度的重要环境因子。由于光照条件的限制使植物种类趋向于大潮最低潮线附近,即潮下带的上部,并大数量成片生长。由于动物的种类和数量丰富,这一区域既是海洋鱼类的主要栖息索饵环境,同时也是某些经济鱼类的产卵场,所以,在这一带有许多海区是重要的渔场。赵淑江等:《海洋环境学》,海洋出版社2011年版,第10页。

④ 赵淑江等:《海洋环境学》,海洋出版社2011年版,第11页。

⑤ 参见《深海法》第2条第2款。

⑥ 参见《海洋法公约》第1条第1款。

表面,平均坡度为 1:600,其外界以坡度变陡的转折点为限,外界深度 50—550 米。大陆架向外,有一坡度较陡的海底表面称为大陆坡,坡度一般为 2°—6°,其外界以另一坡度转折点为限。在一些稳定大陆边缘,例如大西洋和印度洋,在大陆坡之外还有一个沉积地貌单元,主要是由浑浊流携带的物质形成,称为大陆基。上述三种地貌单元,即大陆架、大陆坡、大陆基共同构成大陆边。[1]

随着大陆架上石油、矿产等资源逐步被发现,国际社会开始纷纷对大陆架主张权利。这种情况愈演愈烈,并导致了联合国着手研究和解决这一问题。经过第一次联合国海洋法会议和第三次联合国海洋法会议商讨,终于对大陆架问题达成一致。沿海国的大陆架包括其领海以外依其陆地领土的全部自然延伸,扩展到大陆边外缘的海底区域的海床和底土,如果从测算领海宽度的基线量起到大陆边的外缘的距离不到 200 海里则扩展到 200 海里的距离。大陆边包括沿海国陆块没入水中的延伸部分,由陆架、陆坡和陆基的海床和底土构成,它不包括深洋洋底及其洋脊,也不包括其底土。[2] 沿海国为勘探大陆架和开发其自然资源的目的对大陆架行使主权权利。[3] 因此,国家管辖范围之内的海床、洋底及其底土就是沿海国主张大陆架的边界,而这也是国际海洋管辖范围以外的海床、洋底及其底土的起点,也就是深海海底区域的起点。

值得注意的是,沿海国大陆架的外部界限并非固定,它需要通过大陆架界限委员会(Commission on the Limits of the Continental Shelf)来划定其外部界限。[4] 因此,与其毗邻的深海海底区域也不是一个固定的地域范围。深海海底区域与国家管辖的大陆架是此消彼长的关系。目前,深海海底区域面积约 2.517 亿平方公里,占地球表面积的 49%。

二、深海海底区域的战略地位

深海、极地、网络和外太空被称为新疆域。人类的活动在这些新的疆域中

---

[1] 陈德恭:《现代国际海洋法》,海洋出版社 2009 年版,第 174 页。

[2] 《海洋法公约》第 76 条。

[3] 《海洋法公约》第 77 条。

[4] 《海洋法公约》第 76 条第 8 款规定:从测算领海宽度的基线量起 200 海里以外大陆架界限的情报应由沿海国提交根据附件二在公平地区代表制基础上成立的大陆架界限委员会。委员会应就有关划定大陆架外部界限的事项向沿海国提出建议,沿海国在这些建议的基础上划定的大陆架界限应有确定性和拘束力。

不断延展,各国人民之间的联系经由这些新的疆域变得更加紧密。① 人类对深海海底区域的战略地位及其价值的认识,是一个不断深化的过程。随着人类科学技术的不断发展与对海洋需求的不断增加,深海海底区域作为满足人类社会未来进步需要发展空间的巨大价值正在不断凸显出来。目前,世界主要海洋国家在深海区域围绕战略空间、资源分配和科学技术的竞争愈演愈烈,各国对深海战略性资源的争夺在有序合法的国际制度下也愈演愈烈。自20世纪中后期以来,西方国家在深海战略性资源开发方面的投资力度不断加大,一直保持着在深海高新技术和资源勘探领域的领先地位。② 陆地资源极其丰富的俄罗斯,在大洋资源勘查与开发技术储备方面的工作从未停止,继1987年第一个向联合国提出多金属结核矿区申请后,又在1998年率先向国际海底管理局提出制定其他深海资源法律制度的动议。美、德、法等国也是较早开展热液硫化物和富钴结壳的勘查研究的国家。圈定矿区的准备始于20世纪70年代。2000年6月,美国前总统克林顿发布《海洋勘探长期战略及措施》,提出最大限度地从海洋中获得各种利益,启动了美国海洋勘探新纪元。日本启动的"深海研究计划"投资力度达21.5亿美元,同时,投入巨资支持日本海洋科学技术中心(JEMSTEC)的发展,该中心开发的无人遥控潜水器工作深度已达11 000米。印度的深海采矿活动完全由政府出资支持,近年来,还加大了在印度洋开展多金属硫化物和富钴结壳资源调查的力度。韩国等国也加大了深海资源勘查的投资力度,于1998年成功研制了6 000米水下机器人,用于热液硫化物和富钴结壳矿区的选区调查。③

党的十八大以来,党中央、国务院高度重视我国深海事业发展,把深海确定为四大"战略新疆域"之一。习近平总书记对深海事业发展作出了一系列全面而精辟的论述,④为我国从深海活动大国转变为深海强国指明了方向。具体

---

① 杨剑:《深海、极地、网络、外空:新疆域的治理关乎人类共同未来》,《世界知识》2017年第10期。

② 姜秉国:《中国深海战略性资源开发产业化发展研究——以深海矿产和生物资源开发为例》,中国海洋大学2011年博士学位论文,第3页。

③ "中国大洋科考23航次首席科学家何高文访谈启示录",中国科学技术信息研究所国家工程技术数字图书馆网,https://www.istic.ac.cn/techinfoarticalshow.aspx? articleid=90819,最后访问日期:2019年4月2日。

④ 习近平:"为建设世界科技强国而奋斗",新华网,http://www.xinhuanet.com//politics/2016-05/31/c_1118965169.htm,最后访问日期:2019年3月3日。

来说,深海海底区域的战略地位体现在以下三方面:①

第一,深海海底区域是地球上尚未被人类充分认识和利用的最大战略资源体系。深海海底区域蕴藏着多种战略性资源。目前已经认识和发现的资源主要有富含铜、镍、钴、锰等金属的多金属结核、分布于海底山表面的富钴结壳、分布于大洋中脊和断裂活动带的多金属硫化物、生活在深海热泉区的生物、天然气水合物和稀土资源等。深海海底区域有可能成为21世纪多种自然资源的战略性开发基地,可能形成包括深海采矿业、深海生物技术业、深海技术装备制造业等产业门类的深海产业群。

第二,深海海底区域是21世纪高新技术发展和应用的重要领域。深海海底区域是科技的前沿,深海地球科学研究在揭示全球气候变化影响和人类生命活动现象等重大问题上正孕育着新的理论突破。深海高技术装备正在支撑培育与发展海洋战略性新兴产业,并日益成为海洋强国的标志性要素。深海装备技术代表了海洋技术的前沿和制高点,是国家综合科技实力的集中体现和象征,也是国家海洋资源开发整体能力的综合体现。② 概言之,深海海底区域可形成使人类能够进入深海的高技术群,成为与航天技术、核能利用技术等并列的一个高技术领域,这些技术在开发深海海底区域资源、发展地球科学及军事领域有着重大的战略意义。

第三,深海海底区域是地球上具有特殊法律地位的最大的政治地理单元。《海洋法公约》规定深海海底区域及其资源是全人类共同继承财产,并制定了一系列勘探和管理深海海底区域及其资源的规章制度,使得深海海底区域成为受特殊的法律制度约束、不能由任何国家自由占有与利用的政治地理单元,由国际海底管理局予以管理。在这一在新形势下产生的国际组织已成为国际政治和多边外交的重要舞台,成为世界各国和不同的利益集团维护其战略利益的重要场所。

三、深海海底区域蕴藏的丰富资源

自从19世纪70年代英国"挑战者"号海洋科考船在太平洋海底发现了锰

---

① 关于深海海底区域的战略地位的论述,整理自中华人民共和国常驻国际海底管理局代表处网,http://china-isa.jm.china-embassy.org/chn/,最后访问日期:2016年8月17日。

② 金建才:《走向深海大洋是建设海洋强国的必然选择》,《海洋开发与管理》2012年第12期,第24页。

结核,国际社会对深海海底区域的兴趣就与日俱增。随着人类科学与技术的迅猛发展,深海海底区域越来越多的资源被人类发现。①

(一)深海矿产资源特点

深海矿产资源的分布规律、储量大小、品位高低、矿位深浅等自然状态是合理开发、利用和保护海底矿产资源、保护海洋环境的基础。深海矿产资源既具有矿产资源的共性,也有其个性。深海矿产资源一般具有以下特点。②

第一,有限性。矿产资源包括深海矿产资源,相对于人类社会的发展而言是不会再生和更新的,故决定了矿产资源的有限性。矿产资源必然会随着生产和社会的发展出现短缺甚至枯竭,因此,矿产资源必须合理地开发和利用。深海矿产资源的有限性也并不是绝对的。随着科学技术的进步,人类对矿产资源的勘探和利用日益深入,资源的后备储量可能会不断增加,新的资源也可能会被发现。

第二,分布的局限性。海洋矿产资源分布的局限性可以从垂直分布、水平分布以及矿产资源分布和生产消费格局之间的关系来理解。由于海洋矿产资源基本上处在洋壳的表面,因而构成了矿产资源垂直分布的局限性;从地域上看,矿产资源的水平分布呈现出较大的不均衡性,存在着很大的地区性差异,由此造成了矿产资源分布的不均匀性,例如,海洋油气资源主要蕴藏在沿海大陆架中,锰结核主要分布在赤道附近的太平洋深处;矿产资源分布的局限性还包括矿产资源分布和生产及消费的不相符。

第三,海洋矿产资源的伴生性。一种海洋矿产资源往往不止含有一种有用的矿物,还经常伴生其他有用的元素。如海底多金属软泥中有铁、锰、锌、铅、铜、银、金等和其他元素伴生。随着采、选、冶技术的发展,对伴生矿产的利用水平和利用效率也越来越高。

第四,开发投资高,技术要求难度大。海底矿产资源大多埋藏在一定深度的海水层之下,这些海洋资源的开发具有较高的技术要求,这给勘探和开采这

---

① 关于深海海底区域资源介绍,整理自中华人民共和国常驻国际海底管理局代表处网,http://china-isa.jm.china-embassy.org/chn/gjhd/hdzy/,最后访问日期:2016 年 8 月1 日。
② 以下关于深海矿产资源的特点论述,参见赵淑江等:《海洋环境学》,海洋出版社2011 年版,第 245 页。

些资源带来了很大的技术和经济上的障碍。

（二）深海资源分类

深海矿产资源的分类主要是从人类开采利用的角度,根据矿产本身所具有的特点,以及矿产资源为人类提供的物质、能量属性进行划分。海底矿产资源的种类繁多,并且随着生产力的发展,可利用矿产种类也将发生变化。除了矿产资源,深海还蕴藏着丰富的油气资源、基因资源等。具体来说,深海资源分类如下。

（1）多金属结核。多金属结核是最早进行研究的深海矿床,可能是海底分布最大的金属资源。多金属结核含有多种金属元素,主要呈黑色和黑褐色,其中,含铁量高者常呈淡红褐色,而富锰者则为金属黑色,结核中的矿物质呈非晶质或隐晶质。多金属结核广泛分布于水深 4 000—6 000 米的海底,含有70 多种元素,其中,镍、钴、铜、锰的平均含量分别为 1.3%、0.22%、1% 和 25%,其资源量分别高出陆上相应资源量的几十倍至几千倍。由于采用的方法和资料数据的不同,对全球大洋底多金属结核资源量的精确计算十分困难,其结果相差很大。人们至今为止引用最多的数据仍然是:全球大洋底多金属结核资源总量为 3 万亿吨,有商业开采潜力的资源量达 750 亿吨。

（2）富钴结壳。富钴结壳主要产出在水深 800—3 000 米的海山、岛屿斜坡上。富钴结壳富含钴、镍、锌、铅、铈、铂、稀土等金属,其最大厚度可达 20 多厘米,其中钴的平均含量最高达 0.8%—1.2%,是多金属结核钴含量的 4 倍。钴平均含量较陆地原生钴矿高几十倍,铂平均含量高于陆壳 80 倍。仅就钴的含量而言,陆地上还没有类似的富钴矿床。钴金属具有多重特殊用途,可用于制造耐热钢、耐腐蚀钢、工具钢,用作钻探设备上用的表面硬化材料,用于永磁的制造以及化学工业等;在国防上是一种不可缺少的重要战略金属。富钴结壳的富集区主要分布在濒邻赤道带西区的太平洋北部,既包括国际海底区域,也包括若干国家的专属经济区。据不完全统计,太平洋西部火山构造隆起带上,富钴结壳矿床潜在资源量达 10 亿吨,钴金属含量达数百万吨。

（3）多金属硫化物。海洋地质学家曾观察到,海底热液通过热泉、间歇泉或喷泉孔从海底排出时,与海水混合,温度迅速降低。由于氧化—还原环境和溶液的酸碱值发生改变,使矿液中的金属硫化物和铁锰氧化物沉淀,形成块状硫化物矿床。高温热液从喷口喷出时,由于硫化物或非金属矿物微粒的快速结晶,形成黑白色的雾状体,即所谓的"黑烟"和"白烟"。[①] 多金属硫化物是近年来颇引人注目的海底重金属资源,在世界大洋均有分布,其有益成分主要为铜、锌、铅及贵金属金、银等,具有水深浅、矿体富集度大、易于开采和冶炼等特点。

(4) 深海富稀土沉积。深海稀土资源近年来成为国际社会关注的热点。日本科学家 2011 年在南太平洋东部和北太平洋中部发现大面积的富稀土深海沉积物,他们初步推测,太平洋富稀土沉积物中潜在资源量可能超过目前陆地上 $110×106$ 吨稀土元素氧化物的储量;2012 年,日本又宣布在距西太平洋南鸟岛约 300 公里、水深约 5 600 米的海底发现富稀土沉积物,范围超过 1 000 平方千米,可能蕴藏着约 $680×106$ 吨稀土资源。根据目前探测的数据,仅东南太平洋和中北太平洋海域含稀土资源量约为 900 亿吨,是目前所知陆地资源量的 800 倍。

(5) 海底油气资源。到目前为止,世界范围内的大陆架区几乎都已发现了油气资源。20 世纪八九十年代以来,海洋石油勘探发现的油气田主要分布在中东地区波斯湾、西欧北海、北极区的波弗特海、加拿大纽芬兰岛海域、美洲墨西哥湾、加利福尼亚湾、南海、地中海和西非近海等地,而最有远景的海区是暹罗湾—马来盆地、阿根廷南部近海、委内瑞拉湾盆地、拉布拉多—格兰德海滩、西非近海和南海。[②] 目前,世界大陆架海域已有 3/4 的区域进行了不同程度的勘探与开发,因此,今后发现海洋油气新储量的最大场所将是大陆边缘的半深海区和深海区。不少地质和地球物理学家认为,大陆坡和陆隆区油气资源的潜在量相当或超过大陆架的储量,估计水深超过 200 米的外陆架区蕴藏了 50%—60% 的海底石油。[③]

(6) 海底天然气水合物。海底天然气水合物是一种由碳氢气体与水分子组成的白色结晶状固态物质,外形如冰雪,普遍存在于世界各大洋沉积层孔隙中。根据国际天然气潜力委员会的初步统计,世界各大洋天然气水合物的总量,大约相当于全世界煤、石油和天然气等总储量的两倍,被认为是一种潜力巨大的新型能源。

---

① 赵淑江等:《海洋环境学》,海洋出版社 2011 年版,第 247 页。
② 赵淑江等:《海洋环境学》,海洋出版社 2011 年版,第 256 页。
③ 赵淑江等:《海洋环境学》,海洋出版社 2011 年版,第 256 页。

（7）深海生物基因资源。深海生物基因资源是一种引起国际越来越多关注的新型资源。深海生物物种丰富，功能各异。它们处于独特的物理、化学和生态环境中，在高压、剧变的温度梯度、极微弱的光照条件和高浓度的有毒物质包围下，形成了极为独特的生物结构和代谢机制，体内产生了特殊的生物活性物质，例如嗜碱、耐压、嗜热、嗜冷、抗毒的各种极端酶。这些特殊的生物活性物质是深海生物资源中最具应用价值的部分，科研及应用潜力巨大。可以预测，深海生物基因资源在工业、医药、环保、国防等领域都将有广泛的应用。目前，国际上深海生物基因资源的应用已经带来几十亿美元的产业价值。

（8）其他资源。除了上述几种资源外，深海中还有许多有重要潜在价值的资源。例如磷酸盐、深海储量巨大的粘土（稀土）和碳酸盐、海水中的溶解矿物等。

第二节　深海海底区域活动历史及发展态势

作为物理概念的海洋空间是海岸、海上、海中和海底的地理区域的总称。海洋空间一旦加入了人类的活动，就不再仅仅是一个物理性的自然空间了，而是附加了一系列历史的、现实的，甚至是想象的社会性元素，具有各种或明显或隐藏的价值和意义。① 同样，深海海底区域是社会的产物，人类对于深海海底区域的认识源于实践。人类深海海底区域活动历史就是一部对深海海底区域价值意义、政治意义、空间关系等社会建构的历史。②

一、深海海底区域活动历史

海底在人类早期海洋活动中始终没有引起广泛注意，只是在那些可以取得生物资源的地方，海底才显示出重要性。例如，在斯里兰卡和委内瑞拉的近海以及波斯湾的珍珠养殖场；突尼斯近海的海绵采殖场和其他一些可以收获牡蛎、海菜和其他可供食用的地方。许多地方几个世纪以来就存在传统的生

---

① 刘冬花：《论海洋空间的社会建构》，中国海洋大学 2012 年硕士学位论文，第 1—2 页。
② 王道伟、赵长德、肖占军：《简论国家安全利益在海洋空间的拓展》，《海洋开发与管理》2009 年第 6 期，第 53 页。

物资源开采权。英国的《1811 年殖民法》就是对领海以外的海底生物资源提出权利主张的最早的法律文件之一。① 海底的重要性,只是到了 19 世纪中期在突飞猛进的科学技术的影响下才显现出来。那时对深海的最早调查始于对海洋深度的勘测工作。海底电缆的铺设也加深了人类对海底重要性的认识。②

140 多年前,英国人的一次深海海洋地理探险,采集到了铁锰结核、钴结核和海洋磷块岩。直到 1957 年,在塔西提岛(太平洋)东部举办的国际地球物理年活动中,有人提到含镍(1%)和钴(2%)的铁(钴)锰结核,引起了全球矿业界的高度关注。人类对这些蕴含在深海的矿产资源的真正认识才由此开启。1974 年,美国在东太平洋克拉里昂断裂处发现了第一个铁锰结核矿床,并向联合国提出了进一步研究与开发的申请。1970 年至 1980 年,法国、日本、德国、美国、澳大利亚等国几乎每年都派出专门科考船探险,查明并确定自己采掘的海域范围。③

深海海底区域活动历史距今不过 100 多年。尽管短暂,但人类在深海海底区域的活动已显示它是人类认识海洋深处与地球内涵的历史,是不断发掘与提升深海底价值的历史,是新时期海洋权益争夺与扩展的历史。深海海底区域活动历史呈现出以下特征。

第一,深海海底区域活动的对象由单一到多元。以多金属结核资源为先导的深海海底勘探活动促进了对多种矿产资源、生物基因资源及其这些资源对 21 世纪全球经济潜在影响的认识。1873 年,英国"挑战者"号科学考察船在进行环球考察时发现了多金属结核,但直至 20 世纪 50 年代,由于第二次世界大战后各国经济复苏,金属价格上涨,人类才注意到多金属结核的经济潜力。从 20 世纪 50 年代末开始,以美国公司为主体的一些跨国公司开始着眼于多

---

① 参见[加]巴里·布赞:《海底政治》,时富鑫译,生活·读书·新知三联书店 1981 年版,第 10 页。

② 1851 年,横跨英吉利海峡的海底电缆铺设成功。穿越大西洋的海底电缆的铺设虽然在 1858 年失败了,但是还是在 1866 年胜利建成了。这一活动极为重要,它促进了 1884 年在巴黎举行的海底电缆保护会议,并且,铺设海底电缆的高潮一直持续到十九世纪末期。参见[加]巴里·布赞:《海底政治》,时富鑫译,生活·读书·新知三联书店 1981 年版,第 11 页。

③ 宁清同:《海洋环境资源法学》,法律出版社 2017 年版,第 349 页。

金属结核商业利益的海上探矿活动,至 20 世纪 70 年代末,第一代具有商业开发远景的多金属结核矿区基本确定,多金属结核商业开采的技术储备也具备了一定规模。① 此后,由于国际金属市场的原因,跨国公司延缓了深海海底区域活动的步伐,以政府资助的实体为主的活动逐步取代了跨国公司的活动。

继多金属结核资源之后,西方发达国家利用技术与资金优势,纷纷投入巨资开展富钴结壳和其他深海资源的勘查开发研究。印度、韩国等新兴工业国家除了继续致力于多金属结核的勘探开发活动以外,已着手进行深海其他战略资源的前期研究与探索,并制定了长期的发展战略。进入 21 世纪,多金属硫化物和富钴结壳资源成为国际海底矿区申请的热点,深海生物基因资源正在以几十亿美元的规模得到商业利用;人们对天然气水合物的认识已将其提高到 21 世纪主导能源的水平。另外,国际海底区域稀土资源近年来也成为国际社会关注的新焦点。

第二,深海海底区域活动的形式从无序到有序。在公海自由原则的支配下,自 20 世纪 50 年代开始的大规模深海资源勘查活动引起了国际法律关系的调整。1970 年联合国大会通过宣言,确定国际海底区域及其资源是人类共同继承的财产。② 1973—1982 年,联合国第三次海洋法会议经过 9 年谈判通过了《海洋法公约》,确定了包括深海海底区域制度在内的各项海洋法律制度。与此同时,私有企业的行为演化为受多种利益驱动的国家行为。苏联、法国、日本以及东欧、印度、中国、韩国等政府资助的一些实体性公司开始涉猎这一领域,并先后成为深海海底区域活动的主体。

为促进《海洋法公约》的生效,1990—1994 年,联合国秘书长主持召开了 15 次有关海底问题的磋商会,达成了《关于执行 1982 年联合国海洋法公约第十一部分的协定》(简称《执行协定》),③促成了国际社会对《海洋法公约》的普遍加入。同时,《海洋法公约》规定:管理局是主管国际海底区域活动的国际

① 翟勇:《各国深海海底资源勘探开发立法情况》,《中国人大》2016 年第 5 期,第 51 页。

② 《国家管辖范围以外海床洋底及其底土的原则的宣言》由第二十五届联合国大会于 1970 年 12 月 17 日通过。参见联合国网,www.un.org/chinese/docu.../decl-con/docs/a-res-52-27.pdf。

③ 《关于执行 1982 年〈联合国海洋法公约〉第十一部分的协定》由联合国大会第 48 届会议于 1994 年 8 月 17 日通过(A/RES/48/263)。

组织,其总部位于牙买加的金斯顿,下设大会、理事会、秘书处、企业部等机构。大会是管理局的最高权力机关,由全体成员国组成,每年召开一届常委会,必要时可召开特别会议。理事会是管理局的执行机关,由 36 个成员国组成,通过大会选举产生,包括 4 个消费国(A 类)、4 个投资国(B 类)、4 个生产国(C 类)和 6 个代表特殊利益的发展中国家(D 类),以及按照"区域"分布的 18 个席位(E 类)。管理局秘书处负责执行大会和理事会指定的日常任务。企业部是管理局专门从事国际海底开矿业务的机构,其职务目前由秘书处代行,管理局秘书长任命一名临时总干事来监督秘书处履行这些职务,直至企业部开始独立于秘书处而运作为止。此外,管理局还成立了两个专门性的常设附属机构,即法律和技术委员会和财务委员会。[1]

1994 年管理局成立后,设立了各级机构,相应开展了各项实质性的业务工作,核准已登记的先驱投资者提交的多金属结核勘探工作计划,并开始着手制订针对多金属结核以外的其他深海资源的有关制度。进入 21 世纪后,在管理局的推动下,多金属结核、多金属硫化物和富钴结壳等三种资源的勘探规章顺利通过。[2] 目前,管理局正积极筹备开发规章的制定工作。[3]

二、深海采矿活动

管理局通过的《勘探规章》对"区域"资源的探矿、勘探和开发进行了定义。探矿、勘探和开发是进行"区域"资源活动的三个阶段,从事上述活动的具体要求不同,各自的法律性质和地位也不同。

"探矿"是指在不享有任何专属权利的情况下,在"区域"内探寻多金属结核(多金属硫化物、富钴铁锰结壳)矿床,包括估计矿床的成分、大小和分布情

---

① 张丹、贾宇:《中国的大洋事业》,五洲传播出版社 2014 年版,第 21 页。
② 《"区域"内多金属结核探矿和勘探规章》由管理局第 19 届大会通过,参见管理局文件 ISBA/19/C/17;《"区域"内多金属硫化物探矿和勘探规章》由管理局第 16 届大会通过,参见管理局文件 ISBA/16/A/12/Rev.1;《"区域"内富钴铁锰结壳探矿和勘探规章》由管理局第 18 届大会通过,参见管理局文件 ISBA/18/A/11。
③ 管理局于 2012 年第 18 届理事会上提出《关于拟订"区域"内多金属结核开发规章的工作计划》,决定"开始拟订关于'区域'内开发规则、规章和程序,最初重点在于多金属结核开发",并且"将此类规章制定工作作为管理局工作方案的优先事项"。参见 International Seabed Authority, Work Plan for the Formulation of Regulations for the Exploitation of Polymetallic Nodules in the Area, ISBA/18 /C/4, 2012, pp. 1 - 10.

况及其经济价值。① 探矿没有时间限制,探矿者向管理局秘书长提交探矿通知,通知经管理局记录在案后即可开始探矿活动。申请探矿者应按照管理局通过的规章规定的格式编制探矿通知,②申请探矿者按照规定的提交方式将探矿通知提交管理局秘书长。管理局秘书长书面确认收到探矿通知,并注明收件日期。管理局秘书长在收到通知后45天内对通知进行审查并采取行动。如果通知符合《海洋法公约》和管理局规章的要求,秘书长应将通知的细节记入为此目的置备的登记册,并书面告知探矿者,通知已记录在案。探矿者收到秘书长通知后,即可开始探矿活动。如果通知不符合《海洋法公约》和管理局规章的要求,秘书长应书面向申请探矿者说明理由。申请探矿者可以在90天内提交修正的通知。秘书长应在45天内对修正的通知进行审查并采取行动。管理局秘书长应不时将探矿者的身份和正在进行探矿的大概区域位置告知管理局所有成员。③

　　探矿者不享有专属权和资源权,其他主体有权就探矿者进行探矿的区域提出勘探申请,一旦勘探申请获得管理局的核准,探矿者应停止在该区域的探矿活动。探矿者的权利主要包括两方面:一是探矿者可回收试验所需的合理数量的矿物(不得用于商业用途);二是探矿者可将发生的探矿费用申报为开始商业生产前承担的部分开发成本。探矿者的义务主要包括三方面:一是探矿者应同管理局合作,制定并实施方案,监测和评价相关资源的勘探和开发可能对海洋环境造成的影响;二是探矿者应与管理局合作实施有关海洋科学研究和技术转让方面的训练方案;三是探矿者应向管理局提出有关探矿情况的年度报告。④

---

　　① 《"区域"内多金属结核探矿和勘探规章》第1条;《"区域"内多金属硫化物探矿和勘探规章》第1条;《"区域"内富钴铁锰结壳探矿和勘探规章》第1条。
　　② 通知包括探矿者名字;地址;联系方式;探矿者国籍;注册地点或主要营业地点/住所;探矿者指定代表的名字、地址、联系方式;准备进行探矿的区域的坐标;对探矿方案的一般说明;承诺书等。其中承诺书应说明,申请探矿者承诺遵守《海洋公约》和管理局关于下列事项的相关规则、规章和程序:合作进行《海洋法公约》所述的海洋科学研究和技术转让方面的训练方案;保护和保全海洋环境;接受管理局对遵守承诺情况的核查;在实际可行的情况下,尽量向管理局提供保护和保全海洋环境的相关数据。参见《"区域"内多金属结核探矿和勘探规章》第3条。
　　③ 《"区域"内多金属结核探矿和勘探规章》第4条。
　　④ 《"区域"内多金属结核探矿和勘探规章》第2、5、6条。

"勘探"是指以专属权利在"区域"内探寻多金属结核(多金属硫化物、富钴铁锰结壳)矿床,分析这些矿床,测试采集系统和设备、加工设施及运输系统,以及对开发时必须考虑的环境、技术、经济、商业和其他有关因素进行研究。① 勘探需要向管理局提出申请并获得核准。勘探申请者需向管理局秘书长提交一份"请求核准合同形式的勘探工作计划的申请",②管理局秘书长在收到申请书后,一方面,要通知管理局成员收到申请书,并向他们分发关于申请的一般性非机密资料;另一方面,应通知法律和技术委员会(简称法技委)成员,并在法技委下一次会议议程上列入有关审议该申请书的项目。法技委完成审议后,将向理事会提出核准或不核准勘探申请的书面建议。理事会根据法技委的建议最终决定是否核准申请者提交的申请。③

勘探申请书获得核准后,申请者需要与管理局签订合同,之后,勘探申请者的身份即转变为勘探区域的承包者。勘探合同期限为 15 年。承包者对其勘探区域享有专属勘探权,其他主体在该区域内不得从事相关资源的探矿和

---

① 《"区域"内多金属结核探矿和勘探规章》第1条。
② 勘探申请主要内容包括:(1)关于申请者的资料。包括申请者和申请者指定代表的名字、地址、联系方式,注册地点或主要营业地点/住所。如果是实体提出的申请,需要附有担保国出具的担保书。(2)关于所申请区域的资料。包括划定申请区块的界限的海图、地理坐标,关于申请者选择提供保留区还是选择为企业部提供联合企业安排中的股份的说明。如选择提供保留区,申请者需要提交有关保留区的资料。(3)关于申请者财政和技术能力的资料。如果国家或国营企业提出申请,应附上该国或担保国的声明,证明申请者具有所需财政资源承付提议的勘探工作计划的估计费用,如果实体提出申请,应附上其最近三年的财务报表。在技术能力方面,需要说明申请者与提议的勘探工作计划相关的经验、技术资格和专长,预期将用于执行提议的勘探工作计划的设备和方法,以及应付对海洋环境造成严重损害的事故或活动的财政和技术能力。(4)关于勘探工作计划的资料。包括关于提议的勘探方案的一般说明和时间表(包括未来五年的活动方案),进行的海洋学和环境基线研究方案的说明,关于提议的勘探活动可能对海洋环境造成的影响的初步评估,关于防止、减少和控制对海洋环境的污染和其他危害,以及可能造成的影响而提议的措施的说明,未来五年期活动方案的预期年度支出表。(5)关于勘探申请者的承诺书。勘探申请者需附上一份书面承诺,表示申请者将执行并履行《海洋法公约》的规定,国际海底管理局的规则、规章和程序,国际海底管理局各相关机关的决定及申请者同国际海底管理局所订合同的条款;接受国际海底管理局根据《海洋法公约》授权对国际海底区域内活动进行控制;向国际海底管理局提出书面保证,表示将诚意履行合同规定的义务。(6)关于前订合同的情况。申请者以前与国际海底管理局签订过合同,需要列明相关合同的信息,包括订立合同的日期、提交报告的情况等。参见《"区域"内多金属结核探矿和勘探规章》"附件二"第1—6节。
③ 《"区域"内多金属结核探矿和勘探规章》第20—22条。

勘探活动,从事其他资源作业时,其作业方式不得干扰承包者的作业。承包者享有未来商业开采的优先权,在勘探合同到期后,承包者有权在其勘探区域中指定一个区域,用于商业开发。承包者可将为执行勘探活动方案而实际和直接支出的勘探费用申报为承包者在开始商业生产前承担的部分开发成本。承包者的义务包括:训练国际海底管理局和发展中国家的人员;按规定的时间表履行区域放弃义务;执行经国际海底管理局批准的勘探工作计划;防止、减少和控制其活动对海洋环境造成的污染和危害等。[①]

"开发"是指在"区域"内为商业目的回收多金属结核(多金属硫化物、富钴铁锰结壳)和从其中选取矿物,包括建造和操作供生产和销售矿物之用的采矿、加工和运输系统。[②] 在勘探合同期满后,勘探区域的承包者如有意进行商业性开发,需要向管理局提交申请,请求管理局核准其开发工作计划,签订开发合同。《海洋法公约》曾就多金属结核开发的政策,如生产限额、缴费制度等制定了详细的规定。由于很多规定与市场和商业原则相违背,后来被《执行协定》所修改和废除。管理局目前正在制订国际海底区域资源开发规章,以明确开发者的权利和义务,促进和规范国际海底区域资源的商业化开发。

深海矿产资源开发解决了陆地矿产资源开发过度的难题,为人类提供了大量矿产资源,但在这些资源的勘探、开采等过程中,会对海洋环境造成负面影响,产生不利的环境效应。深海矿产资源开发将改变海底地貌,从而对海区的海底环境造成重大影响。开发过程造成的扰动,对海水环境也会造成影响。同时,开发活动还会对海洋环境中许多生态过程造成干扰。[③]

具体来说,深海矿产资源的开发过程会直接破坏海底表层沉积环境,对底栖生物直接造成损害,影响海底物种的分布和海洋底栖生物群落结构;会对海洋底栖生物的栖息地造成破坏,特别是对生存环境有特别要求的物种。栖息地的丧失可能意味着物种的消失。浅海区往往是鱼类、虾类、贝类等众多海洋生物的产卵场和索饵场,滨海矿砂的开采会对这些海洋生物的繁殖活动与生长环境造成严重影响。深海矿产资源的开发活动还会对海水环境产生扰动。开采活动会使大量泥沙泛起,选矿产生的浑浊废水也会排回到海水中,从而影

---

① 《"区域"内多金属结核探矿和勘探规章》第四部分。
② 《"区域"内多金属结核探矿和勘探规章》第1条。
③ 赵淑江等:《海洋环境学》,海洋出版社2011年版,第257页。

响海水的透明度及光在海水中的传播,对海区浮游植物的光合作用及浮游生物和游泳动物的生活环境造成影响,但这种现象也可能增加海水中的营养元素,有助于海区生产力的增加。如果在船上加工矿石,大量尾矿将倾入海中,尾矿中一些有毒元素会威胁海洋生物的安全。[①]

为此,《海洋法公约》明确规定,深海采矿活动主体应对深海海底区域内的活动采取必要措施,以确保海洋环境不受这种活动可能产生的有害影响。为了规范深海采矿活动,《海洋法公约》要求管理局应制定适当的规则、规章和程序以保护海洋环境。[②] 为了落实《海洋法公约》对深海采矿活动中保护海洋环境的要求,管理局对多金属结核、多金属硫化物、富钴结壳三种资源的探矿和勘探提出了具体的细化要求与规定。

三、深海海底区域活动现状和发展态势

早在《海洋法公约》谈判过程中,美国、德国、英国和日本等国声称,本国企业和参加的国际财团已花费巨资用于海底勘探,这些国家要求《海洋公约》承认他们的预备性投资,并保证他们享有一定的特权。第三次联合国海洋法会议通过了《关于对多金属结核开辟活动的预备性投资的决议》(简称《决议》)。这一《决议》旨在解决《海洋公约》通过签署以后到生效以前,在"区域"进行勘探和发展技术而进行投资(预备性投资)的保护问题。[③]

根据该《决议》的规定,申请先驱投资者必须符合两个条件:一是申请者(发达国家)必须"于1983年1月1日以前至少已将相当于3 000万美元(以1982年美元定值计算)的数额用于开辟活动",其中至少10%,即300万美元用于作为开辟区域的定位、勘查和评价的费用。发展中国家可以延长至1985年1月1日以前。开辟活动是指为了进行大规模商业性开采之前所必须进行的一切准备活动,既包括探矿,也包括勘探。二是申请者必须有一个或一

---

① 赵淑江等:《海洋环境学》,海洋出版社2011年版,第257页。
② 具体来说,一是以防止、减少和控制对包括海岸在内的海洋环境的污染和其他危害,并防止干扰海洋环境的生态平衡,特别注意使其不受诸如钻探、挖泥、挖凿、废物处置等活动,以及建造和操作或维修与这种活动有关的设施、管道和其他装置所产生的有害影响;二是保护和养护"区域"的自然资源,并防止对海洋环境中动植物的损害。参见《海洋法公约》第145条。
③ 张丹、贾宇:《中国的大洋事务》,五洲传播出版社2014年版,第88—89页。

个以上《海洋法公约》签字国作为其证明国,证明该申请者已支出上述数额用于开辟活动。如果申请者为国家或国有企业,则该国即为证明国。如果申请者是国际财团,则参加财团的各公司所属的国家中有一国参加了《海洋法公约》即可作为证明国。[①]

被《决议》列为先驱投资者的有法国、日本、印度和苏联四个国家,以及四个国际财团。参加这四个国际财团的所属国家是:比利时、加拿大、德国、意大利、日本、荷兰、英国和美国。根据《决议》列为先驱投资者的共有 12 个国家。此后,中国、国际海洋金属联合组织(保加利亚、古巴、斯洛伐克、捷克、波兰和俄罗斯)以及韩国也取得了先驱投资者的地位。

目前,深海海底区域勘探开发活动竞争形势严峻。① 沿海国家正在划定 200 海里外大陆架界限,国际海底区域面积面临被压缩的局面。② 多金属结核、多金属硫化物和富钴结壳三种资源的勘探规章制定完毕,以富钴结壳和多金属硫化物资源申请为主的第二轮"蓝色圈地"运动日趋激烈。③ 大型公海生物保护区、海上识别区制度等的建立,挤占了公海的自由空间,对公海自由的限制逐步增加。④ 公海和深海海底区域是军事利用的重要场所,深海海底区域的战略利用日益凸显。

有关国家在深海海底区域的活动呈加强趋势。在 21 世纪深海资源开发的技术与实力角逐中,一些具备条件的国家已将深海海底区域视为地球上最后可以圈定的政治地理单元。各国对勘探开发活动的竞争集中体现在深海海底区域矿区的圈占。各海洋强国争先恐后以各种形式加快矿区申请步伐。深海海底区域矿区申请迅速增加且主体变化明显。管理局规定在深海海底区域进行勘探的国家与组织必须向其申请矿区并签订合同。该制度自 2000 年开始实施后,10 年间仅核准了 8 份矿区申请。而自 2011 年至今就已核准了 21 份勘探工作计划。与此同时,矿区申请的主体也发生了变化,前期的申请者主要是政府和科研机构,而近两年的申请者大部分是矿业公司,其中一些西方矿业公司纷纷采取在发展中国家注册公司进行申请的方式,申请者之间对优质矿区的争夺亦非常激烈,商业利益成为争夺的首要目标。深海海底区域矿区抢占态势愈演愈烈。[②] 深海海底区域矿区合同情况如表 2-1 所示。

---

① 张丹、贾宇:《中国的大洋事务》,五洲传播出版社 2014 年版,第 88—89 页。
② 莫杰、蔡乾忠、姚长新:《海洋矿产之源》,海洋出版社 2012 年版,第 146—148 页。

表 2-1　国际海底区域资源勘探合同情况

承 包 者	合同有效期限	担保国	合 同 区
多金属结核			
国际海洋金属联合体	2001.3.29—2016.3.28	保加利亚、古巴、捷克共和国、波兰、俄罗斯和斯洛伐克	太平洋克拉利昂—克利珀顿断裂区
海洋地质南方联合体	2001.3.29—2016.3.28	俄罗斯	太平洋克拉利昂—克利珀顿断裂区
韩国政府	2001.4.27—2016.4.26	—	太平洋克拉利昂—克利珀顿断裂区
中国大洋矿产资源研究开发研究协会	2001.5.22—2016.5.21	中国	太平洋克拉利昂—克利珀顿断裂区
深海资源开发有限公司	2001.6.20—2016.6.19	日本	太平洋克拉利昂—克利珀顿断裂区
法国海洋开发研究所	2001.6.20—2016.6.19	法国	太平洋克拉利昂—克利珀顿断裂区
印度政府	2002.3.25—2017.3.24	—	印度洋
德国联邦地球科学及自然资源研究所	2006.7.19—2021.7.18	德国	太平洋克拉利昂—克利珀顿断裂区
瑙鲁海洋资源公司	2011.7.22—2026.7.21	瑙鲁	太平洋克拉利昂—克利珀顿断裂区(保留区)
汤加近海开采有限公司	2012.1.11—2027.1.10	汤加	太平洋克拉利昂—克利珀顿断裂区(保留区)
马拉瓦公司研究与勘探有限公司	2015.1.19—2030.1.18	基里巴斯	太平洋克拉利昂—克利珀顿断裂区(保留区)
英国海底资源有限公司	2013.2.8—2028.2.7	英国	太平洋克拉利昂—克利珀顿断裂区
G—TEC 海洋矿物资源公司	2013.1.14—2028.1.13	比利时	太平洋克拉利昂—克利珀顿断裂区
新加坡海洋矿产有限公司	2015.1.22—2030.1.21	新加坡	太平洋克拉利昂—克利珀顿断裂区(保留区)

（续表）

承 包 者	合同有效期限	担保国	合 同 区
英国海底资源有限公司	2016.3.29—2031.3.28	英国	太平洋克拉利昂—克利珀顿断裂区
库克群岛投资公司	2016.7.15—2031.7.14	库克群岛	太平洋克拉利昂—克利珀顿断裂区
中国五矿集团公司	2017.5.12—2032.5.11	中国	太平洋克拉利昂—克利珀顿断裂区（保留区）
多金属硫化物			
中国大洋矿产资源研究开发协会	2011.11.18—2026.11.17	中国	西南印度洋
俄罗斯政府	2012.10.29—2027.10.28	—	中大西洋洋脊
韩国政府	2014.6.24—2029.6.23	—	中印度洋洋脊
法国海洋开发研究所	2014.11.18—2029.11.17	法国	中大西洋洋脊
印度政府	2016.9.26—2031.9.25	—	印度洋洋脊
德国政府	2015.5.6—2030.5.5	—	中印度洋洋脊和东南印度洋洋脊
波兰政府	2018.2.12—2033.2.11	—	中大西洋洋脊
富钴结壳			
中国大洋矿产资源研究开发协会	2014.4.29—2029.4.28	中国	西北太平洋
日本国家石油天然气金属矿物公司	2014.1.27—2029.1.26	日本	西太平洋
俄罗斯联邦自然资源和环境部	2015.3.10—2030.3.9	俄罗斯	太平洋中的麦哲伦山区
海洋资源研究公司	2015.11.9—2030.11.8	巴西	南大西洋
韩国政府	2018.3.27—2033.3.26	—	西太平洋

资料来源：国际海底管理局网，https://www.isa.org.jm 信息更新至 2019 年 10 月 10 日。

与此同时,随着多金属结核、多金属硫化物和富钴结壳三种资源的勘探规章制定完毕以及开发规章的制定进入工作议程,深海技术发展日益成熟,深海海底区域活动到了从资源勘探向资源开采过渡的关键时期。深海海底矿产资源存在极大的商业潜力和经济价值。近年来,随着各国经济对金属需求的增长及金属价格的大幅增长,矿业公司盈利能力提高,且陆地上的镍、铜、钴硫化物矿床的数量和品位下降,以及深海矿藏的勘测技术、开采技术不断取得进步,使得深海商业开采的可行性不断提高。[1]

为了推进商业化开采进程,在未来开采时机到来时抢占先机,各国采用国际先进技术,以集成的模式开展深海采矿系统研发。加拿大、英国大力发展深海开发能力,并取得积极进展;日本、韩国等制定了 10 年内进行开采的计划;欧盟启动"蓝色能源"计划,决定向海底矿产资源项目投资,提出要集中研发深海采矿装置和特种船舶;美国的海洋计划也涉及深海矿产资源开发。[2]

---

[1] 参见《管理局第 20 届会议秘书长报告》(ISBA/20/A/2)第 93 段。
[2] 莫杰、蔡乾忠、姚长新:《海洋矿产之源》,海洋出版社 2012 年版,第 146—148 页。

第三章　深海海底区域法律制度的演进与现状

　　从 1967 年"人类共同继承财产原则"的提出到如今深海海底区域资源开发规章草案的制定,深海法律体系经历了巨大的变化。得益于人类科学技术的不断提高以及人类对深海海底区域需求的不断增加,以人类共同继承财产原则为奠基原则的深海法律体系得到了不断的丰富和发展。

　　考察深海海底区域法律制度的演进可知,深海海底区域法律制度的发展与国家对深海海底区域的权益主张息息相关,而这些主张大多以国内法律、政策的形式出现。例如,1945 年,美国总统杜鲁门发布了《美国关于大陆架底土和海床自然资源政策宣言》(以下简称《宣言》),指出:鉴于养护和慎重地利用其自然资源的紧迫性的关心,美国政府认为邻接美国海岸处于公海之下的大陆架底土和海床的自然资源归属于美国,并受其管辖和控制。该《宣言》是有关大陆架的国际法演化的起点,而这直接导致了许多国家的纷纷效仿,采用不同的名称,将沿海国的主权扩展至邻接其海岸的沿海区域的海床和底土。①

　　深海海底区域法律制度属于国际法的范畴,但这并不意味着其与我国的国内法律体系不相关。实际上,在海洋利益分割、纠纷处理等趋于法制化的时代,国际法与国内法之间的互动关系变得越来越重要,国内法的国际化与国际法的国内化的程度与日俱增。国际法律规范在主权国家发生法律效力通常是通过转化为国内法的手段而成为国内法的渊源。②

　　深海海底区域属于国家管辖范围以外。我国在深海海底区域的权利来源

---

①　陈德恭:《现代国际海洋法》,海洋出版社 2009 年版,第 176—177 页。
②　薛桂芳:《蓝色的较量——维护我国海洋权益的大博弈》,中国政法大学出版社 2015 年版,第 457 页。

于国际法的规定。国际法是调整特定主体的法律,对于一国主权之内的事项,国际法一般不直接予以规定,国际法原则、规则需要转化为国内法才能实现。对于我国来说,构建深海法律体系最重要的前提条件就是需要对深海海底区域法律制度进行转化。然而,这一转化并不容易,它需要以清楚认知当今深海海底区域法律制度的状况为前提,以深海海底区域法律制度的发展趋势为依据,以保障我国在深海海底区域活动的国家权益为落脚点,统筹兼顾,才能达到这一目标。可以说,国际海底区域法律制度应当成为我国构建深海法律体系的一面镜子,这面镜子一方面映射出我国深海法律体系的法律基础;另一方面也要折射出以我国国内法影响、引导深海海底区域活动国际法律体系的方向和途径。

因此,本章对深海海底区域法律制度进行详细分析,重点对其演进历史、现状和未来趋势进行深入研究,以期为构建我国深海法律体系提供理论基础和规范来源。

第一节　海洋法制的发展与现代海洋秩序的确立

海洋构成人类生存和发展的基本环境。在古代,海洋和阳光、空气一样,被认为是共有物,可以被所有人利用。但伴随地理大发现及其成长起来的若干个海洋大国,在前后 500 多年的时间里,这些海洋强国对海洋进行了多次分割,并据此实施强权,实现了对世界海洋秩序的重构和对国际社会的控制。在海洋秩序变迁的过程中,海权国家通过其具有绝对优势的海上力量和海洋控制能力,共同发挥了塑造新秩序的作用。[①] 此后,在以《海洋法公约》为标志的海洋公共秩序时代,以追求国家利益为目标的海洋博弈不仅没有发生根本性的变化,反而博弈程度日趋激烈。各国通过国家层面的海洋立法活动,将《海洋法公约》的规定转化为国内法,以谋求本国海洋权益的最大化。

---

① 牟文富:《海洋元叙事:海权对海洋法律秩序的塑造》,《世界经济与政治》2014 年第 7 期,第 66 页。

一、海洋占有与海洋自由之争

在哥伦布航行至美洲开启大发现时代之前，人类对海洋的探索已经持续数千年。根据不同阶段人类海洋活动的内容和特征，可以将海洋秩序的演进过程大致分为：古代海洋秩序时代、近代海洋秩序时代和海洋公共秩序或海洋法律秩序时代。回顾人类海洋文明的历史，可以看出人类对海洋的探索经历由简单海洋活动向复杂海洋活动转变。早期海洋沿岸国家主要是渔业和盐业等有限的海洋生产活动。在地理大发现之后，近代海洋强国通过全球性海上贸易实现了资本主义的原始积累。

在古代海洋秩序时期，人类的海洋探索主要集中于靠近海岸线的地区，一般从事渔业捕捞、海盐生产和地区性海上贸易。随着新航路的开辟，主要海洋国家之间围绕制海权的斗争愈演愈烈。其中，西班牙、葡萄牙作为最早参与探寻新航路的国家，也走上了争夺制海权的道路。以1455年教皇颁布授予葡萄牙海上霸主地位的特权令为标志，葡萄牙人便将海洋视为自己的私产，确立了最初的海洋霸权。[①] 而1492年哥伦布发现美洲后，西班牙开始向葡萄牙的海上霸权提出挑战。罗马教皇为了保护天主教在海外殖民地上的垄断利益，分别在1493年以训谕的形式，指定西班牙和葡萄牙在非基督世界的分界线，即将全世界的海洋一分为二，划分给两国，此后又通过1494年的《托尔德西拉斯条约》和1529年的《萨拉哥撒新约》明确了海洋分割的具体内容。[②] 西班牙和葡萄牙完成了人类对海洋的第一次世界范围内的分割，形成了西葡并立的海洋霸权秩序的雏形，标志着近代海洋秩序时代拉开帷幕。

随着全球化的深入和科学技术的进步，制海权成为新海权国家相互追逐的核心内容，包括海军和贸易船队等海上力量的绝对优势和海洋元叙事能力。[③] 一方面，海洋秩序主要在传统海洋强国和新兴海洋大国之间围绕对制海权的争夺而获得变迁动力，其变迁遵循的是"强权即是公理"的规则，这被马汉

---

① 陈德恭：《现代国际海洋法》，中国社会科学出版社1988年版，第5页。

② 参见胡起生：《海洋秩序与民族国家：海洋政治地理视角中的民族国家构建分析》，黑龙江人民出版社2003年版，第153页。

③ 关于海洋元叙事能力的讨论，参见牟文富：《海洋元叙事：海权对海洋法律秩序的塑造》，《世界经济与政治》2014年第7期，第63—85页。

总结于其以海上力量为核心的海权论中。① 另一方面,是以是否具有海洋元叙述能力成为衡量海权国家的重要标准。海洋元叙事在本质上就是海权国家对其国家存在之理由、国家行为与海洋之间关系的叙事,是对国家之间权利、权利关系的构造。海权国家通过对"海洋归属于谁"等主题的海洋叙述,为其海上争霸提供合法性论证体现在近代海洋秩序时代。西班牙、荷兰、英国轮番称霸世界海洋,其中,西欧三国之间的历程始于16世纪末期,终于20世纪初,持续了约300年,上演了海上强国轮番登场对海洋进行分割的历史大剧。②

二、《杜鲁门宣言》与联合国海洋法会议的召开

1930年,在由国际联盟主持下召开的国际法编撰会议上,各国根据其海洋利益围绕领海制度展开激烈讨论,但最终未能就领海界限达成一致协议。此后一系列国家陆续采取单方面行动,将其领海界限扩大到3海里范围以外。同时,为了获得更多的渔业资源,有些沿海国家通过国内立法扩大渔业管辖权范围。虽然这些行动遭到传统海洋大国的强烈反对,但随着越来越多地区脱离殖民统治,建立民族国家,以3海里界限为核心领海制度开始受到挑战。而实现由古代海洋秩序向海洋法律秩序转变的突破口就是《杜鲁门宣言》。

第二次世界大战后,由于世界经济恢复,产生了巨大的能源需求,尤其是石油资源,促使人们将目光转向海洋,同时,科学技术的进步也使得各国可以在以前无法触及的海底区域内开展活动,为其利用大陆架资源提供现实可能性。1945年9月28日,美国总统杜鲁门发表了《美国关于对大陆架底土和海

① "海权"(Sea Power)作为马汉海权理论的逻辑起点,被赋予了"超越传统海上实力""海上力量"等局限于军事力量的全新内涵,即"不仅包括用武力控制海洋或其任何一部分的海上军事力量的发展,而且还包括一支军事舰队源于和赖于存在的平时贸易和海运的发展"。据此,马汉所提出的海权论包括海上军事力量和非军事力量两大部分,前者主要是指一国所拥有的海军舰队包括附属于海军的陆上及海外基地、港口等各种设施,而后者主要以海外贸易为核心且与海洋有关的附属机构及其能力,或者称为国家海洋经济力量的总和,它包括国家用于海外贸易的商船队的运输能力、国家的造船和修船能力、港口的吞吐能力和为海外贸易服务的殖民地。参见[美]马汉:《海权论》,萧伟中、梅然译,中国言实出版社1997年版;史春林:《20世纪90年代以来关于海权概念与内涵研究述评》,《中国海洋大学学报(社会科学版)》2007年第2期,第7—11页;张炜、郑宏:《影响历史的海权论:马汉〈海权论对历史的影响〉》,军事科学出版社2000年版。
② 薛桂芳:《蓝色的较量——维护我国海洋权益的大博弈》,中国政法大学出版社2015年版,第458页。

床自然资源的政策宣言》,也就是人们所熟知的《杜鲁门宣言》或《大陆架公告》,美国第一次对领海之外的大陆架及其自然资源提出了权利主张。当时,第二次世界大战的硝烟未散,欧亚大陆的战胜国与战败国面对的都是废墟上的重建。杜鲁门不失时机地宣布:"处于公海下但毗连美国海岸的大陆架的底土和海床的自然资源属于美国,受美国的管辖及控制",目的是为了达到允许美国开采位于墨西哥湾沿岸从美国海岸平缓向外延伸的"大陆架"上的石油和天然气资源。

《杜鲁门宣言》在世界范围内引起了强烈的震荡和连锁反应,许多国家纷纷发布类似法令和公告。① 从《杜鲁门宣言》发表之后短短 10 年里,拉美地区就有 20 多个国家相继宣布了有关 200 海里管辖权的宣言、声明或法律、法令。

1958 年 2 月,由 86 个国家参加的联合国第一次海洋法会议在日内瓦举行会议,并形成了四个海洋法公约,即《领海及毗连区公约》《公海公约》《捕鱼及养护生物资源公约》和《大陆架公约》。在国际海洋法层面上,不但正式确立了领海的地位,也确认了毗连区和大陆架制度。至此,沿海国家不但拥有领海,而且拥有更大海域面积的毗连区和大陆架及合法权益。公海自由范围进一步缩小,沿海国家海洋权益进一步扩大。

三、《海洋法公约》的缔结与现代海洋秩序的确立

1945 年的《杜鲁门宣言》《关于沿海渔业养护的公告》以及随后智利、秘鲁和厄瓜多尔宣布的 200 海里的领海主张丰富了海洋法的内容,也使得各国之间的海洋争端更加复杂。进入 20 世纪后半叶,在海洋资源开发和其他海洋活动日趋频繁的情况下,人类占有海洋的意识以各种法规的形式不断地被强化,对资源和生存空间的竞争也愈演愈烈,规范海洋活动国际协定的需求变得日渐明确和迫切。为了整顿混乱无序的局面,协调各海洋国家不同的海洋权益主张,1973—1982 年,联合国连续召开了长达 9 年的第三次海洋法会议,围绕着领海、海峡、大陆架、专属经济区、群岛、岛屿制度等问题展开了讨论。这场

---

① 主权国家对海底主张权利的趋向可以追溯到第二次世界大战期间。例如,1942 年,委内瑞拉和英国针对帕里亚湾海底的权益归属而签订的《帕里亚条约》;1944 年,阿根廷对其大陆架的资源提出了一项含糊的权利主张。由于第二次世界大战期间动荡的国际环境,这些权利主张虽然可以视为先例,但是并未产生广泛的影响。直到《杜鲁门宣言》的出台,有关大陆架的权利主张才成为扩大沿海国管辖权的一个重要因素。

"马拉松会议"最终诞生了规范一切海洋事务及海上活动的宪章——《海洋法公约》。

《海洋法公约》确立了12海里的领海制度,并对"大陆架"概念进行了修订,将其扩展到350海里甚至更远。不足200海里的沿海国也可以扩展到200海里。创设了"群岛国"和"群岛水域"制度,使大片公海成为群岛国家主权覆盖下的水域。确立了宽度为200海里的"专属经济区"制度,大大缩小了公海的比例。创建了国际海底区域等全新的法律概念,确立了国际海底区域及其资源为全人类共同继承的财产的制度,使之更加符合现代海洋实践。

《海洋法公约》第十一部分是关于国际海底制度,特别是关于深海海底采矿的规定,使美国、英国、联邦德国等发达国家未能得到其预期的利益,引起这些国家的强烈不满,因而拒绝签署或者批准《海洋法公约》。此外,苏、日、法等国虽然在《海洋法公约》上签了字,但迟迟未在国内正式批准《海洋法公约》,这种情况对《海洋法公约》的生效和执行产生了很大的负面影响,使得《海洋法公约》难以生效和实施。为了使《海洋法公约》获得普遍接受,1994年,在当时联合国秘书长的推动下,各国就国际海底制度进行了多次非正式磋商,以谋求《海洋法公约》的普遍性与完整性。1990年7月—1994年6月,联合国先后召开了两轮共15次国际海底问题的非正式磋商会议,最终于1994年7月28日,在联合国大会上以决议的形式通过了《关于执行1982年12月10日〈联合国海洋法公约〉第十一部分的协定》(简称《执行协定》),从而清除了大部分发达国家加入《海洋法公约》的障碍。

《海洋法公约》于1994年11月16日正式生效,其法律制度的实施引起了世界地理格局和国际海洋秩序的重大变革,主要体现在三方面:① 约1.09亿平方千米的近海被沿海国以200海里专属经济区、大陆架等形式划归为国家管辖海域,脱离了公海的性质,向国土化的方向发展;② 沿海国家纷纷制定国内法律法规,并陆续划定400多处国家间的海上边界;③ 对国际海域的矿产资源逐步建立了国际社会共同管理的制度。

人类对海洋进行的历次分割,尽管出于特定的时代背景,分割方式各有不同,但目的基本相同,且目标也越来越明确。总体上看,出于对海洋利益的期冀,各国不断要求缩小公海范围,扩大沿海国家的海洋管辖权,以获取更多的海洋利益和博弈资本。由《海洋法公约》引发的"圈海运动",也称"蓝色圈地运动"，无论从其规模和效果上来看，均大大超过此前的海洋分割。这场以海洋权益最大化为目标的海洋分割至今仍在如火如荼地进行，而且随着海洋地位的不断提高，人类开发海洋能力的增强，海洋热点问题在明显增加，围绕海洋权益的博弈也日益激烈。

第二节　深海海底区域法律制度的演进

《海洋法公约》确立了深海海底区域作为人类共同继承财产的原则，制定了一套以"人类共同继承财产原则"为基础、以"平行开发制"为特征的国际海底区域制度。1994 年通过的《执行协定》仍然维持了这一基本框架，即在"区域及其资源是人类的共同继承财产"这一原则下，其开发一方面由代表全人类利益的管理局通过其企业部直接进行，另一方面，由各缔约国及其公司企业通过与管理局签订勘探或开发合同的方式进行。进入 21 世纪以后，管理局理事会陆续通过了《"区域"内多金属结核勘探规章》《"区域"内多金属硫化物勘探规章》和《"区域"内富钴结壳勘探规章》。国际海底区域制度为国际社会管理、开发和利用深海海底区域及其资源提供了法律依据。

一、国际海底问题的由来

深海海底区域法律制度所涉及的是各国管辖范围以外的海床、洋底及其底土的制度。随着深海底矿产资源经济价值的发现和人类开发利用海洋及其资源能力的迅速提高，公海底部海床洋底的法律地位引起各国高度关注。1966 年，美国和平组织研究委员会（Commission to Study the Organization of Peace）在其报告中建议联合国大会应当立即宣布公海区域不应当被任何国家所占有，并且为了避免各国在利用公海资源过程中可能产生的诸多争端，这些区域的资源应当通过联合国由国际社会共同享有。[①] 一些发展中国家担心在没有法律约束的情况下，西方发达国家利用手中掌握的资金与技术，任意占有与开发国家管辖海域以外的海底资源，从而在联合国内提出了调整国际法律

---

① 张梓太、沈灏、张闻昭：《深海海底资源勘探开发法研究》，复旦大学出版社 2015 年版，第 4 页。

关系、建立国际海底区域制度的要求。① 在"公海自由原则"这一古老的国际海洋原则大行其道的情形下,如何保障技术不发达国家的海洋权益,采取何种国际法原则,建立何种监管机构,采用何种管制框架是国际社会所要思考的问题。②

1967年8月17日,马耳他驻联合国代表致函联合国秘书长要求将国家管辖范围以外海床洋底的和平利用问题列入第22届联大议事日程。③ 1967年12月18日,基于国际社会对海底资源开发问题的日益关注,第22届联大一致通过了2340号决议,决定成立一个特设委员会以研究国家管辖范围以外海床洋底的和平利用问题。④ 1968年12月21日,第23届联大又通过决议,决定将特设委员会改为常设委员会,建立"和平利用国家管辖范围以外海床洋底委员会"(简称海底委员会)。⑤ 自海底委员会设立之日起,逐渐形成以下共识:各海洋区域的种种问题是密切相关的,有必要作为一个整体来加以考虑。就国际海底区域而言,如何界定区域的边界必然涉及国家管辖的海域范围。由此,由海底问题为先导,引发了与此相关的一系列海洋问题,从而导致整个海洋法问题被列入联大的议事日程。⑥

在第三世界国家的共同努力下,1970年第25届联大发布《关于国家管辖

---

① "国际海底问题与《联合国海洋法公约》",中国大洋矿产资源研究开发协会网,http://download.china.cn/ch/pdf/130924seachina/doc/1.pdf,最后访问日期:2019年7月2日。

② 张梓太、沈灏、张闻昭:《深海海底资源勘探开发法研究》,复旦大学出版社2015年版,第5页。

③ Document A/6695 Malta: Request for the inclusion of a supplementary item in the agenda of the twenty-second session. United Nations General Assembly official records, Agenda item 92 Annexes, 22nd session, New York, 1967.

④ Examination of the question of the reservation exclusively for the peaceful purpose of seabed and the ocean floor, and the subsoil thereof, underlying the high seas beyond the limits of present national jurisdiction, and the use of their resources in the interests of mankind United Nations General Assembly Resolution 2340 (XXII), 1639th plenary meeting, Dec.18, 1967.

⑤ Examination of the question of the reservation exclusively for the peaceful purpose of seabed and the ocean floor, and the subsoil thereof, underlying the high seas beyond the limits of present national jurisdiction, and the use of their resources in the interests of mankind United Nations General Assembly Resolution 2467 (XXIII), 1752th plenary meeting, Dec.21, 1968.

⑥ "国际海底问题与《联合国海洋法公约》",中国大洋矿产资源研究开发协会网,http://download.china.cn/ch/pdf/130924seachina/doc/1.pdf,最后访问日期:2019年7月2日。

范围以外海床洋底及其底土的原则宣言》,①首次以联大决议的形式,初步确立了深海海底区域作为人类共同继承财产的原则,并为行将建立的国际海底区域制度奠定了基础。1970 年联合国大会之后,海底特设委员会的工作重心转向对国际海底区域管理制度进行建章立制,但要弥合国际社会的分歧仍然面临着不小的困难。各国基本同意建立国际海底管理局,对国际海底区域进行统一管理,但是就管理局的权限,各方争执不下。以美国为首的发达国家希望建立一个具有较弱约束力的国际机构,管理局的职权仅限于为国际海底勘探开发等活动颁发许可执照、协调成员国行为等。而以 77 国集团为首的发展中国家却偏向于建立强有力的国际管理机构,国际海底管理局代表全人类对国际海底区域及其资源拥有所有权,国际海底区域相关的勘探和开发活动都应当由管理局实质掌控,以确保深海海底资源为人类共同享有。此后,经过多年讨论,海底特设委员会的研究报告和各国意见被提交到第三次国际海洋法会议上进行进一步讨论。国际海底问题与其他海洋法问题以"一揽子"方式由国际社会在第三次联合国海洋法会议上进行充分讨论。经过了长达 9 年漫长的讨价还价,《海洋法公约》最终获得通过,但是有关国家和利益集团在国际海底问题上的分歧依然存在。②《海洋法公约》自 1982 年 12 月 10 日开放签字,截至 1984 年 12 月 9 日,有 159 个国家和实体签署了《海洋法公约》,美国、英国、联邦德国等西方国家由于对《海洋法公约》国际海底制度部分条款不满意而未签署。

二、《海洋法公约》确立的"区域"制度

《海洋法公约》第十一部分是规定国际海底区域管理制度的主要部分,共设五节。第一节是对国际海底区域的一般规定,如定义、适用范围、法律地位等;第二节规定了国际海底区域活动的原则;第三节对国际海底区域资源开发活动进行了规定;第四节规定了国际海底管理局的机构设置等行政事项;第五

---

① Declaration of principles governing the seabed and the ocean floor, and the subsoil thereof, beyond the limits of national jurisdiction United Nations General Assembly Resolution 2749 (XXV), 1933rd plenary meeting, Dec.17, 1970.

② Third United Nations Conference on the Law of the Sea, Official Records Volume XVI (Eleventh Session), 8 March-30 April, 1982, p. 154.

节是有关国际海洋法法庭海底争端分庭的职权功能。此外,《海洋法公约》附件三(有关勘探和开发的基本条件)和附件四(关于国际海底管理局企业部章程的规定)也是国际海底法律制度的重要组成部分。

《海洋法公约》明确规定"区域"及其资源是人类共同继承的财产。任何国家不应对"区域"的任何部分或其自然资源主张或行使主权,任何国家、自然人或法人也不应将"区域"或其资源的任何部分据为己有。"区域"的一切资源属于全人类,由管理局代表全人类行使。① 在无歧视的基础上公平分配从"区域"内活动取得的财政及其他经济利益。②《海洋法公约》同时对"区域"内的海洋科学研究、技术转让、海洋环境保护、生命安全、"区域"活动与海洋环境中其他活动的相互适应等事项作了原则性规定。③

《海洋法公约》明确了国际海底区域管理机构职权与设置。国际海底区域的所有活动都归国际海底管理局管理,以确保基本原则的实现。管理局设在牙买加,其成员包括所有《海洋法公约》的缔约国。依照《海洋法公约》的规定,管理局负责组织和控制国际海底区域活动,其主要职能包括:核准勘探计划申请并监督执行、执行关于已登记先驱投资者的决定、监控和审查深海底采矿活动、研究深海矿产开发对陆地生产国的影响、制定海底开发及环保需要的规章、促进海底采矿科研。④ 管理局的主要机构包括:大会。大会是全体成员组成的最高权力机关,拥有制定政策、审查报告、决定预算、审核分配等重大权力。理事会。理事会负责执行大会的决定,并执行相关辅助工作。秘书处。秘书处是管理局的行政机关。财务委员会。财务委员会主要为管理局财政预算事项提供建议。企业部。企业部主要根据相关规定开展国际海底区域勘探与开发业务。⑤

以人类共同继承财产原则为基础,《海洋法公约》规定了进行"区域"活动的基本政策,即"区域"活动应有助于世界经济的健全发展和国际贸易的均衡增长,并促进国际合作,以谋求所有国家特别是发展中国家的全面发展。⑥ 在

---

① 《海洋法公约》第 137 条。
② 《海洋法公约》第 140 条第 2 款。
③ 《海洋法公约》第 143—149 条。
④ 《海洋法公约》第 156、157 条。
⑤ 《海洋法公约》第 158—170 条。
⑥ 《海洋法公约》第 150 条。

这一基本政策的指导下,《海洋法公约》确立了进行"区域"勘探和开发活动的平行开发制度,即"区域"活动由企业部进行,还可以由缔约国、国营企业、在缔约国担保下的具有缔约国国籍或由这类国家或其国民有效控制下的自然人或法人、上述各方的任何组合与管理局以协作方式进行。[①]

为确保这一平行开发制度以符合"区域"活动的基本原则和政策的方式进行,《海洋法公约》规定了勘探和开发工作计划的审议和核准程序、核准形式以及具体措施等。《海洋法公约》突出了管理局的作用,赋予管理局对"区域"活动行使必要的控制,有权检查与这些活动有关而使用的一切设施等。这些指导"区域"活动的政策、勘探开发的方式、程序、有关措施以及管理局对"区域"活动的控制职能等构成了《海洋法公约》所确立的"区域"制度的基本内容。

1993年11月16日,《海洋法公约》得到第60个国家的批准,按照有关规定,《海洋法公约》将于1994年11月16日生效。由于缺乏发达国家的加入,为防止《海洋法公约》预期实践效果大打折扣,联合国秘书长邀请所有国家对海底问题进行非正式磋商,并于1994年7月27—29日在纽约举行的关于海洋法问题的第48届联大续会上以121票赞成、7票弃权、0票反对,通过了《关于执行1982年12月10日〈联合国海洋法公约〉第十一部分的协定的决议》(简称《决议》),确认了《执行协定》同《海洋法公约》第十一部分应视为单一的法律文书进行解释和适用,认为有必要作出规定以使《执行协定》自《海洋法公约》生效之日起临时适用。《决议》最后吁请联合国海底筹委会在撰写最后报告时应考虑《执行协定》的条款。[②]《执行协定》再次重申了人类共同继承财产原则,但同时指出,由于各种政治上及经济上的变化,包括特别是市场原则的日益增长,因而有必要重新评价《海洋法公约》第十一部分所确立的关于"区域"及其资源的制度的某些方面,以便使《海洋法公约》能得到普遍参加。《执行协定》与《海洋法公约》第十一部分应作为单一文书来解释和适用。当《执行协定》与《海洋法公约》第十一部分有任何不一致的情形时,应以《执行协定》的规定为准。[③]《执行协定》通过附件形式对《海洋法公约》第十一部分有关深海资源勘探开发制度做了实质性修

---

① 《海洋法公约》第153条。
② United Nations General Assembly Resolution 48/263, 101st plenary meeting, July 28, 1994.
③ 《执行协定》第2条。

改,特别涉及有关缔约国费用和体制安排、技术转让、企业部、决策程序、生产政策、经济援助、审查会议、合同财政条款、财务委员会等实质性的问题。

《执行协定》的通过标志着《海洋法公约》第十一部分所确立的有关"区域"及其资源的制度已经获得了广泛的同意,影响某些国家批准《海洋法公约》、成为《海洋法公约》缔约国的障碍已经清除,国际社会终于在国际海洋法的所有方面取得了协商一致,达成了广泛统一的共识。《海洋法公约》及《执行协定》所确定的"区域"制度,为各国提供了开发"区域"资源的法律框架,创立了深海采矿的新法规,反映了世界大多数国家在开发利用和保护海洋资源方面的愿望和利益,维护了人类共同继承财产的原则,促进了包括我国在内的人类开发国际海底资源活动的开展。

三、深海采矿法典的持续发展

管理局自 1994 年成立以来,根据《海洋法公约》和《执行协定》所确定的国际海底基本制度和组织职能,相继制定了《"区域"内多金属结核探矿和勘探规章》①《多金属硫化物探矿和勘探规章》②和《富钴结壳探矿和勘探规章》。③ 在此过程中,法律技术委员会陆续颁发了若干指南。这些规章与指南是《深海采矿法典》(Mining Code)的重要组成部分,在规范与指导各国"区域"内活动实践的同时,也为国际海底制度的有序发展,特别是为制定开发规章奠定了基础。三个探矿和勘探规章在《海洋法公约》和《执行协定》的基础上,进一步明确了承包者和管理局的权利、义务和职权,并对探矿、勘探工作计划申请、勘探合同和保护海洋环境等问题做出进一步规定。三个勘探规章的陆续出台,标志着《海洋法公约》第十一部分以及《执行协定》所确立的有关"区域"及其资源

---

① 《"区域"内多金属结核探矿和勘探规章》于 2000 年 7 月 13 日管理局理事会第 69 次会议审议通过(ISBA/6/C/12),大会第 76 次会议核准(ISBA/6/A/18)。规章于 2013 年 7 月 22 日管理局理事会第 190 次会议审议通过修改,大会第 142 次会议核准修正案文(ISBA/19/A/9)。

② 《"区域"内多金属硫化物探矿和勘探规章》于 2010 年 5 月 7 日管理局第 161 次理事会审议通过(ISBA/16/C/12),大会第 130 次会议核准(ISBA/16/A/12/Rev.1)。规章于 2014 年 7 月 24 日管理局理事会第 198 次会议审议通过修改,大会第 149 次会议核准修正案文(ISBA/20/A/10)。

③ 《"区域"内富钴结壳探矿和勘探规章》于 2012 年 7 月 26 日管理局第 181 次理事会审议通过(ISBA/18/C/23),大会第 138 次会议核准(ISBA/18/A/11)。

的制度已经得到进一步发展。

有关"区域"内多金属结核、多金属硫化物和富钴结壳资源的三个探矿和勘探规章在结构和内容安排上基本相同,只是根据多金属结核、多金属硫化物和富钴结壳三种资源的不同特点分别作出特殊规定。① 本书下文主要以《多金属结核探矿和勘探规章》为例进行介绍。

《"区域"内多金属结核探矿和勘探规章》规定了多金属结核的探矿和勘探两种制度。探矿制度相对简单,探矿者对其获得的资源也不享有专属权利,但是,探矿者可回收试验所需的合理数量的矿物,但不得用于商业用途。探矿没有时限要求,但是,探矿者不能在一项核准的多金属结核勘探工作计划所包括的区域或在保留区内进行探矿,因此,如果探矿者收到秘书长的书面通知,表示已就某一特定区域核准勘探工作计划,则应停止在该区域的探矿活动。② 探矿活动开始前需履行一定程序,申请探矿者应将其进行探矿的意向通知管理局,秘书长将对通知进行考虑,并决定是否允许申请探矿者开展探矿活动。③ 探矿者需在探矿过程中保护海洋环境,应采用预防性办法和最佳环境做法,在合理的可能范围内采取必要措施,防止、减少和控制探矿活动对海洋环境的污染及其他危害。同时,探矿者应同管理局合作,制定并实施方案,监测和评价多金属结核的勘探和开发可能对海洋环境造成的影响。④ 探矿者还应当就其开展的探矿活动定期向管理局提交年度报告。⑤

勘探制度相对复杂。有意进行多金属结核勘探活动的主体须向管理局提交勘探工作计划申请书,如果是非缔约国主体进行申请,还须提交申请者为其国民或受该国或该国国民有效控制的国家开具的担保书。为了使勘探工作计划获得核准,每一申请者应提交充分资料,包括:关于提议的勘探方案的一般说明和时间表,包括未来 5 年的活动方案,例如对勘探时必须考虑的环境、技术、经济和其他有关因素进行的研究;关于按照规章及管理局制定的任何环境

---

① 《"区域"内多金属硫化物探矿和勘探规章》以及《"区域"内富钴结壳探矿和勘探规章》对相关平行开发制度作出了进一步规定,提出申请者除选择保留区外,还可以选择提供一个联合企业安排的股份。
② 《"区域"内多金属结核探矿和勘探规章》第 2 条。
③ 《"区域"内多金属结核探矿和勘探规章》第 3—4 条。
④ 《"区域"内多金属结核探矿和勘探规章》第 5 条。
⑤ 《"区域"内多金属结核探矿和勘探规章》第 6 条。

方面的规则、规章和程序进行的海洋学和环境基线研究方案的说明,这些研究是为了能够参照法律和技术委员会所提出的任何建议,评估提议的勘探活动对环境的潜在影响,包括但不限于对生物多样性的影响;关于提议的勘探活动可能对海洋环境造成的影响的初步评估;关于为防止、减少和控制对海洋环境的污染和其他危害以及可能造成的影响而提议的措施的说明;理事会所需的数据;未来 5 年活动方案的预期年度支出表等。①

一项勘探活动申请书首先需要法技委进行审议,如果申请书符合相关要求,则法技委应建议理事会核准勘探工作计划。如果提议的勘探工作计划出现了规章规定的不应核准的情形,法技委不应建议核准该勘探工作计划。如果法技委认为申请书不符合规章规定,应通过秘书长书面通知申请者并说明其理由,申请者可以修正其申请书。如果法技委在进一步审议后仍认为不应建议核准勘探工作计划,应将此意见通知申请者,并给予申请者另一次机会,在通知后 30 天内提出其意见。法技委在拟定提交理事会的报告和建议时应考虑申请者所提意见。② 勘探工作计划申请书经过法技委审议,理事会应审议法技委关于核准勘探工作计划的报告和建议。

一项勘探工作计划经理事会核准后,其相关内容应成为管理局与申请者之间合同的条款。在此项勘探合同项下,勘探活动申请者转变为勘探活动承包者。承包者的主要权利就是对一项多金属结核勘探工作计划所涉区域享有专属勘探权。管理局应确保其他实体在同一区域就其他资源进行作业的方式不致干扰承包者的作业。③ 承包者的义务是多方面的,包括保护海洋环境、④培训义务、⑤不得干扰同一区域其他合法海洋活动等。此外,规章还规定了数据和资料的机密性,发现具有考古或历史意义的遗骸、文物和遗址,沿海

---

① 《"区域"内多金属结核探矿和勘探规章》第 18 条。
② 《"区域"内多金属结核探矿和勘探规章》第 21 条。
③ 《"区域"内多金属结核探矿和勘探规章》第 24 条。
④ 根据《"区域"内多金属结核探矿和勘探规章》第 31 条规定:承包者应采用预防性做法和最佳环境做法,尽量在合理的可能范围内采取必要措施防止、减少和控制其"区域"内活动对海洋环境造成的污染和其他危害。
⑤ 根据《"区域"内多金属结核探矿和勘探规章》第 27 条规定:每一项勘探合同都应以附件方式载有承包者与管理局和担保国合作拟订的训练管理局和发展中国家人员的实际方案。训练方案应着重有关进行勘探的训练,由上述人员充分参与合同包括的所有活动。这些训练方案可不时根据需要,通过双方协议予以修改和制订。

国的权利,争端解决等问题。

　　根据《"区域"内多金属结核探矿和勘探规章》第 39 条、《多金属硫化物探矿和勘探规章》第 41 条以及《富钴结壳探矿和勘探规章》第 41 条的规定,法技委可以不时作出技术性或行政性建议指导承包者,协助承包者执行管理局的规则、规章和程序。为此,法技委先后发布了《关于承包者实际和直接勘探支出报告的指南》①《指导承包者评估"区域"内海洋矿物勘探活动可能对环境造成的影响的建议》②和《指导承包者及担保国按照勘探工作计划开展培训的建议》③等相关文件。

四、咨询意见对"区域"制度的阐释

　　国际海洋法法庭是解决关于解释和实施《海洋法公约》所引起的争端的常设性国际司法机构。而海底争端分庭是受国际海洋法法庭委托的一个独立司法机构,通过其咨询和诉讼管辖权,专属履行解释作为"区域"内活动的组织和管理的法律基础的《海洋法公约》的第十一部分和相关附件及规章的义务,④并受《国际海洋法法庭规约》和《国际海洋法法庭规则》的约束。

　　2010 年 5 月 6 日,管理局理事会通过决议,⑤请求海底争端分庭对以下三个问题发表咨询意见:①《海洋法公约》缔约国在依照《海洋法公约》,特别是第十一部分以及《执行协定》担保"区域"内活动方面有哪些法律责任和义务。② 如果某个缔约国依照《海洋法公约》第 153 条第 2(b)款担保的实体没有遵守《海洋法公约》,特别是第十一部分以及《执行协定》的规定,该缔约国负有何种程度的赔偿责任。③ 担保国必须采取何种必要的适当措施来履行《海洋法公约》,特别是第 139 条和附件三以及《执行协定》的规定的责任。⑥ 海底争端

---

　　①　ISBA/21/LTC/11.

　　②　ISBA/19/LTC/8,此建议在 2019 年得到修订,并由修订版取代,新版载于 ISBA/25/LTC/6。

　　③　ISBA/19/LTC/14.

　　④　Responsibilities and Obligations of States Sponsoring Persons and Entities with Respect to Activities in the Area,Advisory Opinion of 1 February 2011,para.25.

　　⑤　Decision of the Council of the International Seabed Authority requesting an advisory opinion pursuant to Article 191 of the United Nations Convention on the Law of the Sea,ISBA/16/C/13.

　　⑥　Responsibilities and Obligations of States Sponsoring Persons and Entities with Respect to Activities in the Area,Advisory Opinion of 1 February 2011,para.1.

分庭于 2011 年 2 月 1 日就国家担保个人和实体在"区域"内活动的责任和义务发表咨询意见。咨询意见指出,担保国根据《海洋法公约》和其他相关法律的规定具有两类义务:第一类义务是确保被担保承包者遵守合同条款和《海洋法公约》及相关文书所述义务的义务;第二类义务是担保国必须遵守的直接义务,这些义务独立于确保被担保承包者遵守特定行为的义务之外。

咨询意见澄清了担保国责任等重大问题,"区域"制度的权威解释收到了良好的效果。特别是,海底争端分庭在咨询意见中关于第三个问题的答复,指出《海洋法公约》附件三第 4 条第 4 款明确要求担保国制定法律和规章并采取行政措施,其所规定的法律、规章和行政措施取决于担保国的法律制度,这实际上包含了对《海洋法公约》第 139 条第 2 款"必要和适当措施"的解释。《海洋法公约》第 139 条第 2 款没有详细列举"必要和适当措施"。它只是简单提请注意《海洋法公约》第 153 条第 4 款和"附件三"第 4 条第 4 款。虽然这些条款各自使用的术语有所不同,但是实质上的主题和表达的意思是一致的。[①] 其目的在于通过担保国的立法确保承包者履行各项文件项下规定的义务,并且在一定程度上能够使担保国免除由被担保的承包者所造成的损害赔偿责任。

第三节　开发规章对深海法律体系的发展

以人类共同继承财产原则为奠基原则的深海法律体系的发展是一个由原则到具体、由宏观到细节,循序渐进的过程。从《海洋法公约》到《执行协定》,再到三个勘探规章的出台,反映了国家利益的博弈以及这套法律制度的不断细化。不过,这些仍然只是深海海底区域活动的准备阶段,只有进入到深海海底区域开发阶段,才会真正有利益的产出,人类共同继承财产原则才会真正有物质基础。而制定中的国际海底区域资源开发规章就是为了深海海底区域商业开发活动提供法律基础,它的出台必将对我国的深海法律体系产生重要影响。

---

① Responsibilities and Obligations of States Sponsoring Persons and Entities with Respect to Activities in the Area, Advisory Opinion of 1 February 2011, para.215 - 216.

一、开发规章的制定背景与过程

随着多金属结核、多金属硫化物和富钴结壳三种资源的勘探规章制定完毕以及开发规章的制定进入工作议程,深海技术发展日益成熟,深海海底区域活动到了从资源勘探向资源开采过渡的关键时期。深海海底矿产资源存在极大的商业潜力和经济价值。近年来,随着各国经济对金属需求的增长及金属价格的大幅增长,矿业公司盈利能力提高,且陆地上的镍、铜及钴硫化物矿床的数量及品位下降,以及深海矿藏的勘测技术、开采技术不断取得进步,使深海商业开采的可行性不断提高。2015 年,包括中国在内的 7 个首批承包者的多金属结核勘探合同相继于 2016 年和 2017 年到期。根据合同要求,承包者应当进入开发阶段或者提出合同延期申请。虽然在目前的商业形势下,这7 个勘探合同承包者暂时都没有提出开发工作计划,但根据《执行协定》的要求,如果一个打算申请核准开发工作计划的国家提出正式请求,理事会必须在请求提出后两年内完成此类规则、规章和程序的制定。而且,从技术和经济的角度而言,如果没有明确界定的规则及参数,承包者将无法评估商业开发所面临的风险,从而也无法判断其是否可以进入开发阶段。[①] 为此,在 2011 年管理局的第 17 届理事会上,斐济代表团在其他代表团的支持下,提出请管理局着手拟订"区域"资源开发规章的建议。

鉴于上述情况,管理局于 2012 年第 18 届理事会上提出了《关于拟订"区域"内多金属结核开发规章的工作计划》,决定"开始拟订关于'区域'内开发规则、规章和程序"。[②] 根据《海洋法公约》和《执行协定》的规定,此工作将先由管理局的法律和技术委员会(简称法技委)[③]起草规章草案,提交管理局理事会审议,理事会通过后临时生效,待管理局大会批准。

按此要求,2013 年法技委出台了《努力制定一个"区域"内多金属结核开采

---

① 何宗玉、林景高、杨保华、刘少军:《国际海底区域采矿规章制定的进展与主张》,《太平洋学报》2016 年第 10 期,第 13 页。

② International Seabed Authority, Work Plan for the Formulation of Regulations for the Exploitation of Polymetallic Nodules in the Area, ISBA/18/C/4, 2012, pp. 1 - 10.

③ 法律与技术委员会是依据《海洋法公约》规定设立的理事会机关。法技委委员应具备诸如有关矿物资源的勘探和开发及加工、海洋学、海洋环境的保护,或关于海洋采矿的经济或法律问题以及其他有关的专门知识方面的适当资格。

监管框架》①的技术性文件,在 2013 年第 19 届会议上,理事会通过了这一文件。该文件扼要地讨论了"区域"内矿产资源开发活动相关背景及监管制度建立可能面临的挑战及解决方案。

法技委在 2014 年 2 月的会议上审议了关于制定深海矿产资源开发财政制度的详细技术研究报告。该研究报告确定了与财政制度有关的政策目标和财政原则,这些目标和原则分别出自《海洋法公约》和《执行协定》。研究报告介绍了源于不同采矿制度机制的审查情况,并重点强调付款率范围和计算方法。委员会还讨论了目前在适用的财政制度方面的最佳做法,并审议了可能与管理局的政策和财政目标相类似的机制。委员会意识到在目前的初步阶段仍有大量问题需要澄清,因此,拟订了一项调查,旨在征求管理局各利益相关方的意见。

2014 年 3 月,法技委组织了一次针对"区域"内矿产资源开发规章框架构建的利益相关者问卷调查,并得到广泛响应。该调查旨在向管理局成员和其他利益相关方征集有关资料,用于制定"区域"内矿产资源开发管制框架。这项调查启动了理事会所设想的利益相关方互动协作和协商进程,这也是管理局预期利益相关方为制定一个监管框架而开展的一系列互动协作中的第一项活动,管理局预期将从中获得专家关于"区域"内活动的详细意见、分析和看法。②

2015 年 7 月,法技委发布了再次考虑各方意见的《"区域"内开发活动规章的草案框架构建》,并提出未来一段时间的活动方案和日程安排。2016 年 7 月,在管理局的 22 届会议上,法技委提出了一份包含有《"区域"内矿产资源开发规章及合同标准条款工作草案》③的文件,向所有利益相关方征求意见。该《工作草案》的内容主要为开采规章和合同的标准条款。在国际海底管理局第 22 届会议结束时,法技委发布了《"区域"内矿产资源开采规章的订正工作草案》。《订正工作草案》包括开发规章和开采合同的标准条款,已提供给所有利益相关方征询意见,这一过程于 2016 年 11 月结束。法技委在其 2017 年

---

① Towards the Development of a Regulatory Framework for Polymetallic Nodule Exploitation in the Area,ISBA/19/C/5.

② Report of the Secretary-General of the International Seabed Authority under article 166,paragraph 4,of the United Nations Convention on the Law of the Sea,ISBA/21/A/2.

③ Review of training proposals submitted in the context of applications for extensions of plans of work for exploration,ISBA/22/LTC/3.

2—3月会议期间,通过审议利益相关方关于草案的评论意见,以及管理局秘书处编写的《关于制定和起草"区域"内矿产资源开采环境规章》的讨论文件,继续开展开发规章制定的工作。①

2017年8月,在管理局第23届会议上,法技委发布了一份题为《"区域"内矿产资源开发规章草案》(简称《开发规章草案》)的文件。② 与委员会前几份报告所载开发规章草案工作稿相比,当前版本《规章草案》更加简明扼要。在这方面,许多利益相关方认为,技术和行政细节在相应的附件(随着附件的变化)以及相关指南和标准中处理较为合适。这一《草案》将有助于加强灵活性,随着时间推移和知识进步,根据知识或技术进步的情况修正今后的指南并拟订规范性更强的规章。③ 秘书处要求各利益相关方就当前版本的《规章草案》提出意见。④ 利益相关方反馈意见显示,缔约国对当前版本规章的制定表示欢迎,但普遍认为《规章草案》尚不成熟,还需时日修改。缔约国的关注点主要为环境保护、缴费机制、惠益共享等问题。⑤

2018年3月20日和同年3月22日,法技委审议了经过修订和附加说明的《规章草案》,包括各工作组提出的条款。委员会请秘书处将其建议和意见纳入案文,编制经进一步修订的版本,并附上必要的评论意见。秘书处在2018年5月29日发布了更新版的《开发规章草案》。⑥ 针对这一版本的《规章草案》,根据法技委的评论意见,秘书处编写了一份订正案文,供法技委在当年7月的会议上审议。秘书处还编写了一份说明,其中提供了订正草案的结构和内容概览,以及需要委员会提供意见建议的其他事项,并附有申请核准程序流程图。⑦ 法技委在2018年7月的会议上在制定《规章草案》方面取得了进一步进

---

① Procedures for the handling of confidential data and information pursuant to rule 12 of the rules of procedure of the Legal and Technical Commission, ISBA/23/LTC/6.

② Draft regulations on exploitation of mineral resources in the Area, ISBA/23/LTC/CRP.3.

③ Draft Regulations on Exploitation of Mineral Resources in the Area, ISBA/23/C/12.

④ Draft Regulations on Exploitation of Mineral Resources in the Area, ISBA/23/C/12.

⑤ Briefing note to the Council on the submissions to the draft regulations on exploitation of mineral resources in the Area, ISBA/24/C/CRP.1.

⑥ Draft Regulations on Exploitation of Mineral Resources in the Area, ISBA/24/LTC/WP.1.

⑦ Draft regulations on the exploitation of mineral resources in the Area, ISBA/24/LTC/6.

展,并发布了此订正案文。① 理事会决定,利益相关方可在 2018 年 9 月 30 日之前就修改后的《规章草案》提出具体评论意见。在 2019 年 2 月召开的第 25 届管理局理事会上,国际社会对《规章草案》连同收回的反馈意见继续进行讨论。

二、开发规章草案框架和主要制度

尽管制定《开发规章》的原则和主题非常明确,但要将各项已经产生的和可预计的具体问题落实却并非易事。虽然《执行协定》对《海洋法公约》中有关"区域"内资源开发的条款进行了修订,提出了生产政策、合同的财政条款等规定和原则。但这些规定和原则只能为《开发规章》的制定提供基础和指导,而《开发规章》中的具体条款需要进一步具体而明确的阐述。

(一)《开发规章草案》框架

《开发规章草案》的框架结构经历了较大的变动过程。管理局提出制定开发规章伊始,就试图制定一个包含开发问题、环境问题、监管问题的综合性文件,但这一主张随着国际社会研究和讨论的深入开始发生变化。开发规章被拆分为商业开发问题、环境问题、监管问题三个独立的规章。按主题分开制定规章的做法虽然有助于深入讨论商业开发的各项问题,但是却无法避免规章之间的重复甚至矛盾的问题。更重要的是,单独制定规章这一做法将大大落后于预计开发规章出台时间表,而这也促使了管理局重新使用制定统一开发规章的办法。

目前的《开发规章草案》分为 7 章,分别为简介、开发规章的申请、开发合同、环境事项、承包者的义务、开发计划的审查和修改、开发合同的财政事项和附件。整体来看,与《开发规章草案》较为简洁的主体内容相对应,《开发规章草案》最后有一个异常庞大的附件,这些附件内容涉及环境管理、应急机制、标准术语等内容。与法技委制定的前几版《开发规章草案》相比,目前的《开发规章草案》更加简明扼要。在这方面,许多利益相关方认为,技术和行政细节在相应的附件以及相关指南和标准中处理较为合适。这一办法将有助于加强灵活性,随着时间推移和知识进步,将根据知识或技术进步的情况修正今后的指

---

① Draft Regulations on Exploitation of Mineral Resources in the Area, ISBA/24/LTC/WP.1/Rev.1.

南并拟订规范性更强的规章。

可以说,真正影响到国家利益和承包者权益的内容大部分被规定在了这些附件中。与《开发规章》主体内容相比,附件具有形式灵活、修改方便的特点。随着国际社会对《开发规章》问题讨论的加深和国家利益博弈的展开,附件作为体现国家利益、承包者权益、利益相关者关切的载体还会发生变化。

(二) 开发规章草案主要制度

《开发规章草案》中包含了担保国责任、缴费机制、环境保护等制度。

第一,担保国责任问题。《海洋法公约》设立担保国制度,并对担保国的赔偿责任作出了规定。《海洋法公约》附件3第4条规定:深海海底区域资源勘探、开发的申请者应由其国籍所属的缔约国担保。如果申请者具有一个以上的国籍(如由几个国家实体组成的合伙团体或财团),所有涉及的缔约国都应提供担保申请;如果申请者是由另一个缔约国或其国民有效控制,两个缔约国都应提供担保申请。在深海海底区域矿产资源勘探、开发活动中,缔约国所承担的是确保承包者遵守承包者与国际海底管理局签订的合同,以及《海洋法公约》《执行协定》、管理局规章所规定义务的责任,其主要目的是确保承包者按照《海洋法公约》和《执行协定》确立的深海海底区域制度,管理局制定的规则、规章从事勘探、开发活动。担保国的作用在于"协助"管理局监督、管理承包者,控制"区域"内活动,采取预防性措施和最佳环境做法以有效保护海洋环境,在管理局为保护海洋环境发布紧急命令的情形下采取措施,提供相应保证等,其担保义务是一种适当尽责的义务。如果担保国已制定法律和规章,并采取行政措施,而这些法律和规章及行政措施在其法律制度范围内可以合理地认为足以使在其管辖下的人遵守时,则该国对其所担保的承包者因不履行义务而造成的损害不承担赔偿责任。

即使2011年国际海洋法法庭海底争端分庭发布了《国家担保个人和实体在"区域"内活动的责任和义务的咨询意见》,并对担保国的义务、责任及免责条件提出了具体的建议。但是,管理局仍然认为在深海海底区域资源勘探、开发活动中,管理局、担保国和承包者之间的义务和责任尚不明确。由于开发活动经济性和商业性较强,《开发规章》中一些具体条款也存在一些界限不清的问题。① 最

---

① 何宗玉、林景高、杨保华、刘少军:《国际海底区域采矿规章制定的进展与主张》,《太平洋学报》2016年第10期,第13页。

新版本的《开发规章草案》列出了要求担保国采取行动的各项条款,虽然管理局表示这些条款并不与《海洋法公约》规定的担保国责任和义务的一般性质相抵触,①但是其实施效果需进一步思考与讨论。

第二,缴费机制问题。《海洋法公约》和《执行协定》对缴费机制提出过一些设想,但距离具体可执行的程度还相差较远。从目前讨论的结果来看,规章中包含的缴费可以分为两大部分:一个是对"人类共同所有"的资源耗竭所进行的付费,表现形式为权益金及其相应的管理所开展的年费和合同管理费等;另一个是与环境损害相关的环境责任收费,初步提议的包括履约担保、保险、基金和环境债券等。

权益金方式的采纳实际上是沿用了陆地采矿业的做法,其基准(从量、从价、从利等)及利率的确定涉及资源政策、市场、技术、经济等诸多方面。经过2015 年以来的 4 次关于缴费机制的研讨会,以管理局规章起草专家、英国等欧洲国家承包者等为核心的与会人员提出了一个以从价权益金(Ad Valorem Royalty)为基础,包括年度合同管理费(Annual Contract Administration Fee)和固定年费(Annual Fixed Fee)的缴费机制安排,其中,年度合同管理费自开发合同签订起开始缴纳,固定年费和权益金从商业生产开始后缴纳,权益金在早期取比较低的利率,投资收回后采用正常的利率。应当说,这样一个缴费机制安排对《执行协定》关于"兼顾公平和简单"、鼓励开发的早期投资等基本原则有所考虑和体现,但对于年费的额度、权益金的利率,以及不同阶段的确定等尚未能给出量化指标。

第三,开发区域和环保区域问题。《开发规章草案》对环境影响区域给出了一定的规定,深海海底区域开发活动申请者应当根据管理局指南确定可能被采矿活动影响的环境影响区地理边界,包括直接影响和间接影响。事实上,管理局此前已设置了各种环保区域,如影响参照区(Impact Reference Zone)、②保全参照区(Preservation Reference Zone)③和环境影响区(Environmental Impact

---

① Procedures for the handling of confidential data and information pursuant to rule 12 of the rules of procedure of the Legal and Technical Commission, ISBA/23/LTC/6.

② "影响参照区"是指反映"区域"环境特性用作评估每一承包者在"区域"内所进行的活动对海洋环境的影响的区域,参见 ISBA/6/A/18。

③ "保全参照区"指不得进行采矿以确保海底的生物群具有代表性和保持稳定的区域,以便评估海洋环境的动植物区系的任何变化,参见 ISBA/6/A/18。

Zone），并开始实施。

这些环保区域的设置无疑会对开发活动带来影响。这些做法并不符合目前陆地采矿的工业实践，因此，还是存在较大争议。工作草案也认为环境影响区的定义将是一个挑战，并以羽状流的影响为例指出界定直接与间接影响以及无影响的地理边界时存在的困难。因此，这类问题讨论时应全面考虑，不宜刚性地支持或反对。

三、开发规章制定发展趋势及对国际海底法律制度的影响

由于世界各国及各利益相关方的地理条件、技术能力、资源需求、经济状态及价值取向不同，其对"区域"内矿产资源的开发及其规章的制定持不同的观点和主张。开发规章的制定也将是一个诸多不同观点的反映体现和不同主张的协调妥协的过程。[①] 从目前的情况来看，国际社会原则同意"区域"资源开发利益分配机制应当"实现人类共同继承财产和商业生产两方面利益"，[②]但不同利益方对如何实现这些利益却有不同的观点。

勘探合同承包者们无疑要求保障资源开发的权利，主张"只有形成可持续的矿物资源回收，人类共同财产的价值才能得以实现"，[③]并引用《海洋法公约》《执行协定》的相关表述要求开发规章的制定"应当确保'区域'资源的开发""吸引投资和技术向资源的勘探开发的投入"。[④] 与此同时，为了尽可能地扩展自己的发展空间，在开发规章制定对具体条款讨论时，主张在开发活动的

---

① 何宗玉、林景高、杨保华、刘少军：《国际海底区域采矿规章制定的进展与主张》，《太平洋学报》2016 年第 10 期，第 13—14 页。

② The United Kingdom Government，Submission in Response to the ISA March 2015 Discussion Paper on the Development and Implementation of a Payment Mechanism in the Area，May 2015，http：//www. Isa. Org. jm/sites/default/files/uk＿submission＿on＿payment_mechanism_discussion_paper.pdf.

③ UK Seabed Resources Ltd. ，Comments on the Report to Members of the Authority and all Stakeholders on Developing a Regulatory Framework for Mineral Exploitation in the Area-Discussion Paper on the Development and Implementation of a Payment Mechanism in the Area，May 2015，http：//www.isa.Org.jm/sites/default/files/uksrpayment mechanism submission 29 may 15.pdf.

④ Marawa Research and Exploration Ltd. ，Submission to the International Seabed Authority Regarding the Development and Implementation of a Payment Mechanism in the Area，May 2015，http：//www.isa.org.jm/sites/default/files/marawa_comments_29_may_payment_mechanism.pdf.

早期采取较低或免费的特许费用和税收以降低投资风险等。而一些没有进行资源开发意向的非政府组织，则提出"区域"资源"不仅是当代也是后代人类共同继承的财产"，管理局应当用"长远的历史眼光"来看待这些资源及其开发。[①] 因此，"目前对于工业界不具有吸引力的（资源开发）缴费机制，在未来很可能变得是可以接受的。管理局应当考虑现在给（开发者）采矿权是否可取，否则，到未来再进行开采可能对人类给予更多回报"。[②]也有一些勘探合同承包者由于商业开发时机不成熟而表示："当前关于深海采矿的技术和风险缺乏必要的信息，因此，无法进行有关开发活动缴费机制的讨论"。[③] 而拥有海洋工程技术优势的装备制造商则强调：当前"管理局更应该关注可行的技术，关心应该发展哪些技术，支持先进技术的发展，支持从勘探向开采过渡的采矿中试验"。[④]

总体来看，开发规章的制定进程在加快。尤其是 2016 年管理局秘书长换届之后，管理局明显加快了开发规章的制定进程。从 2016 年开始，管理局关于开发规章讨论的议程安排增多。在制定进程安排方面，部分发展中国家同意加快进程。承包者中，以英国、比利时为首的欧洲国家极力推进《开发规章》的制定，中、日、韩等亚洲国家则认为目前《开发规章》的制定还有很多问题未解决，条件不成熟。2017 和 2018 年召开的管理局第 23、24 届会议上，制定《开发规章》成为最重要的议题。与此同时，大会决定在 2018 和 2019 年的 3 月份均增加一次理事会，议题包括对《开发规章草案》的讨论。[⑤] 法技委主席在报告中

---

① The MIDAS Consortium, Discussion Paper on the Development and Implementation of a Payment Mechanism in the Area — MIDAS Comments, May 2015, http://www.isa.org.jm/sites/default/files/midas_input_discussion_paper_on_payment_mechanism_in_the_area_dr_29_may_2015_2.pdf.

② Pacific Marine Analysis and Research Association, Report to Stakeholders (ISBA/Cons/2015/2), May 2015, http://www.isa.org.jm/sites/default/files/pacmara_response_to_isa_regulatory_framework.pdf.

③ Deep Ocean Resources Development Co., Ltd. , Responses to Developing a Regulatory Framework for Mineral Exploitation in the Area, May 2015, http://www.isa.org.jm/sites/default/files/dord_isa_2_responses_by_dord.pdf.

④ IHC Merwede, Stakeholder Engagement for Developing a Regulatory Framework for Mineral Exploitation in the Area, May 2015, http://www.isa.org.jm/sites/default/files/ihc_merwede_submission_to_isa_survey.pdf.

⑤ ISBA/23/A/5/Rev.1.

也表示《开发规章》将于 2020 年制定完成。①

第四节 定期审查机制对深海 法律体系的调校

依据《海洋法公约》第 154 条进行的第一次定期审查于 2000 年 7 月管理局第 6 届会议期间举行。秘书长向大会提供的一份报告,概述了《海洋法公约》和《执行协定》设立的"区域"国际制度的实施情况,并提出了适当的建议。在对该报告进行审议后,大会一致赞成秘书长的建议,即鉴于管理局实施该制度的经验还很短暂,大会采取任何措施的时机尚不成熟。② 2015 年 7 月 24日,管理局大会作出决定,根据《海洋法公约》第 154 条规定,对《海洋法公约》所设"区域"国际制度的实际实施情况进行一次全面和系统的审查。③ 大会同时决定成立审查委员会以监督审查的进行。2016 年 1 月,审查委员会根据其采购程序任命英国的海景公司协助委员会开展审查活动。④ 2016 年 5 月15 日,海景公司发布审查临时报告,随后审查委员会的评论意见、⑤法技委、⑥财务委员会(简称财委)的评论意见⑦也在管理局第 22 届会议上公布。2016 年,管理局在第 22 届会议上,决定再让缔约国、观察员和利益相关方就临时报告

---

① ISBA/23/C/13.

② ISBA/6/A/19,Selected Decision, Sixth Session, p.68.

③ ISBA/20/A/2,第 93 段。

④ Seascape consultants ltd, Periodic Review of the International Seabed Authority pursuant to UNCLOS Article 154 Interim Report, ISBA/22/A/CRP.3 (1).

⑤ Periodic Review of the International Seabed Authority Pursuant to UNCLOS Article 154 INTERIM REPORT Comments by the Review Committee, ISBA/22/A/CRP.3(2).

⑥ Comments by the Legal and Technical Commission on the Interim Report on the periodic review of the International Seabed Authority pursuant to Article 154 of the United Nations Convention of the Law of the Sea and the comments by the Review Committee, ISBA/22/A/CRP.3 (3).

⑦ Comments by the Finance Committee on the Interim Report on the periodic review of the International Seabed Authority pursuant to Article 154 of the United Nations Convention of the Law of the Sea and the comments by the Review Committee, ISBA/22/A/CRP.3 (4).

及所附评论意见提出书面见解。① 2016 年 12 月 30 日,英国海景公司向管理局提交了修正后的临时报告。2017 年 2 月 8 日,审查委员会公布了《关于管理局按照〈联合国海洋法公约〉第 154 条的规定定期审查"区域"的国际制度情况的最后报告》。②

一、定期审查的渊源及动因

(一) 定期审查的渊源

从《海洋法公约》缔结的历史来看,定期审查制度经过了《海洋法公约》缔约国的反复讨论。最早提出对国际海底制度进行审查源自坦桑尼亚在海底委员会 1971 年会议期间提交的一项提案,其中包含了一项关于审查问题的早期规定。该提案在其所载的管理局章程草案中提出:缔约国每 5 年对章程进行一次审查,但海底委员会对这一提案几乎未作讨论。③ 审查机制的问题在联合国第三次海洋法会议第五期会议(1976 年)上,美国国务卿亨利·基辛格提出的关于平行制度的一揽子折中方案时显现出来。基辛格提出的一揽子方案的内容之一就是计划对勘探和开发制度进行审查以确定《海洋法公约》的海底采矿规定是否适当。在 1977 年的第六次会议上,关于定期审查的讨论主要集中在三个问题上:① 定期审查开始的日期;② 定期审查的范围或目的;③ 定期审查的效果和可能导致采取的措施。苏联、联邦德国和挪威对墨西哥的案文提出了修正。挪威提案的内容如下:

> 从本公约生效时起,大会每 5 年应对本公约设立的"区域"的国际制度的实际实施情况,进行一次全面和系统的审查。参照上述审查,大会可按照《海洋法公约》本部分及其附件的规定和程序采取措施,或建议其他机构采取措施,以导致对制度实施情况的改进。④

---

① ISBA/22/A/11.

② ISBA/23/A/L.1.

③ [斐济]萨切雅·南丹:《1982 年〈联合国海洋法公约〉评注》,海洋出版社 2009 年版,第 275 页。

④ [斐济]萨切雅·南丹:《1982 年〈联合国海洋法公约〉评注》,海洋出版社 2009 年版,第 275 页。

该文案的重要变化是未提及《海洋法公约》，这样就将这一问题与审查会议的问题彻底脱离开来。非正式综合协商案文将本案文作为第 152 条逐字逐句的采纳，其标题为"定期审查"。海洋法会议主席在其关于非正式综合协商案文的备忘录中通过指出"定期审查的需要已被毫无勉强地认可"来表明各方对本案已形成一致意见。①

(二) 定期审查的动因

管理局于 2015 年启动定期审查的动因是基于以下三方面。

首先，是战略需求。定期审查为管理局未来工作的开展提供了方向指引。管理局认为，通过一项界定管理局战略方向和目标的长期计划是非常重要的。此举还将有助于编制秘书处的工作方案，提出明确可交付成果。然后可以根据商定的工作方案编制管理局的预算。②

其次，是治理需求。定期审查是完善深海全球治理的重要手段。深海全球治理是一个持续的过程，它通过以"人类共同继承财产原则"为核心的一系列法律制度和管理局的治理和管控，使得国际社会冲突或多元利益能够相互协调并能采取合作行动，它既包括正式的制度安排，也包括非正式的制度安排。但是，目前的深海全球治理虽然发展较快，也渐趋成熟，但远不能称之为完善。以管理局为核心机构的深海全球治理体系从一开始建立便存在多重局限。由于《海洋法公约》制定时人类对海底的认知水平有限，《海洋法公约》并没有明确海底生物资源利用、生物多样性保护等问题的管理机制，从而造成对国际海底及其上覆水域的生物多样性保护问题考虑不足，对生物资源的管理缺乏法律依据等。这当然与时代背景和人类认知的缺乏相关，而定期审查将为完善深海全球治理提供一个行之有效的途径。

最后，是现实需求。定期审查着眼于国际海底区域活动重心的转移以及管理局机构变革。目前，管理局与国际海底区域承包者签订了 29 项勘探合同，较之管理局建立之初已有重大发展。随着人类对国际海底区域资源需求的与日俱增，以及科学技术、装备的不断发展，人类对国际海底区域的关注度与兴趣将会越来越高，进入深海的能力也会越来越强。而目前国际海底区域

---

① ［斐济］萨切雅·南丹：《1982 年〈联合国海洋法公约〉评注》，海洋出版社 2009 年版，第 275 页。

② ISBA/23/A/3.

处于勘探向开发转型的关键时期,一系列国际海底制度也可能随之落伍而不适合继续适用,面临着被修订甚至搁置的状况。因此,定期审查可以对国际海底制度进行系统梳理和审查,对现有国际海底制度进行更新和发展。

与此同时,随着国际海底区域形势的不断变化、工作量的不断增长,管理局机构也面临着重大考验。例如,管理局法技委和秘书处工作量日益加重、理事会和大会开会时间不合理等。通过定期审查,可以对管理局机构的运作状况进行全面地了解和评估,从而提出改革管理局机构、变更运作程序、调整管理局预算等行之有效的解决方案,以使管理局更好地运作。

二、定期审查的内容

审查委员会定期审查的最终报告建立在海景公司所作的定期审查临时报告的基础之上,但对临时报告有了较大修改。较之临时报告,最终报告在内容上大幅缩减,减少了临时报告中的建议,其中一些建议也已重新修改。在形式结构上,最终报告也更具合理性。定期审查最终报告的内容可归纳为:国际海底区域制度规则、管理局业务运作、管理局机构运行和管理局战略计划四个方面。[①]

(一) 国际海底区域制度规则

审查委员会认为,控制各担保国海底活动的问题值得深入研究。应当注意到国际海洋法法庭海底争端分庭关于担保个人和实体从事"区域"内活动的国家所负责任和义务的咨询意见。海底争端分庭在咨询意见中除其他外,指出《海洋法公约》规定担保国有义务确保被担保承包者遵守合同条款及《海洋法公约》和相关文书规定的义务,以及与他们必须履行的、独立于其确保被担保承包者遵守特定行为的义务之外的直接义务。因此,审查委员会建议:担保国如果尚未审查各自的国内法律,则请他们借鉴国际海洋法法庭海底争端分庭的咨询意见,审查其立法,以监管他们与之签订勘探合同的实体活动。

在理事会第二十届会议上,有人提议秘书处对现有国家立法进行比较研究,以找出共同的要素。因此,审查委员会建议:请秘书长完成和不断更新担保国与"区域"内活动有关的国家法律、规章和行政措施的汇编。

---

① 定期审查内容整理自审查委员会发布的《关于管理局按照〈联合国海洋法公约〉第154条的规定定期审查"区域"的国际制度情况的最后报告》,参见 ISBA/23/A/L.1.

（二）管理局业务运作

审查委员会认为，考虑到《海洋法公约》规定，当务之急是通过明确的数据管理战略和政策，并建立必要的数据库，因此，审查委员会建议：在加强数据管理和数据共用机制方面需要继续投入，包括审查所收集数据的质量和一致性。审查委员会认识到，秘书长极其重视管理局促进和鼓励"区域"内的海洋科学研究，并传播相关知识以惠及所有缔约国，尤其是发展中国家的任务。在这方面，加强与全球科学界以及相关深海科学项目和举措的互动协作是不可或缺的，因此，审查委员会建议：应鼓励秘书长考虑如何更广泛地与科学界以及与"区域"有关的深海科学项目开展互动协作。

在发展海洋技术方面，审查委员会认为，除了监测承包者年度报告中所述的技术之外，管理局没有开展有分量的工作来有效地监测与"区域"内活动有关的海洋技术发展情况，因此，审查委员会建议：虽然发展相关海洋技术的主要责任应由承包者承担，但管理局在依照采矿守则制定开采规章时，应把重点放在详细说明商定的业绩标准之上。

在保密制度与透明度原则方面，审查委员会认为，保护和保全海洋环境有关的数据和资料，特别是来自环境监测方案的数据和资料不得视为机密。因此，审查委员会建议：非机密资料应当广泛分享，并且容易被查阅到。

（三）管理局机构运行

管理局机构运行是本次定期审查的重要内容之一，审查委员会报告对管理局会议时间、理事会、法技委、秘书处等都进行了评价。

第一，管理局会议时间和频率。审查委员会认为，管理局各机构目前的会议时间表不能满足一个工作量日益增加和高度复杂问题越来越多的国际组织的需要。财务委员会、法律和技术委员会、理事会和大会目前的会议时间安排造成了各种困难。理事会没有足够的时间来详细研究法律和技术委员会的工作成果，也不能及时向大会提交年度报告。理事会和大会都不能够投入充分精力来审查财务委员会的报告，各国代表团也不能在有需要时从其政府处寻求指示。将理事会会议加入分配给大会的时限内，这种做法也可能导致管理局这一最高机关的会议出席率不够，因为代表们没有足够的实质性工作来证明他们需要在金斯顿停留两周。参考其他国际组织的做法，管理局这两个主要机构的会议应该明确分开，大会的会议不应与理事会的会议同期举行。法律和技术委员会以及财务委员会都应早在理事会的会议和大会的会议之前举行会议,以便适当审议其工作。在某一预算年度内,财务委员会也可能需要召开两次会议,其中一次会议可能通过视频会议举行。因此,审查委员会建议:如有可能,应最迟于2018年根据秘书长于2017年提出的提议修订管理局各机构的会议时间表,同时考虑预算因素。因此,法律和技术委员会以及财务委员会的会议应在年初召开,以便理事会和大会能够在其稍晚召开的会议上处理其报告。

第二,理事会。审查委员会认为,近年来,理事会将审议法律和技术委员会主席关于该委员会工作的简要报告之后做出的任何决定记录在一项决定中,突出说明理事会自身、各成员国、委员会和秘书处等将要采取的行动。这些决定连同理事会主席的报告构成理事会通过的决定记录。因此,审查委员会建议:应请秘书长为理事会的每届会议提出一份报告,回顾上届会议通过的各项决定,并报告这些决定的执行情况,因为这些决定涉及秘书处和(或)附属机构需要采取的行动。与此同时,审查委员会认为,根据《海洋法公约》规定,理事会应视管理局业务需要随时召开会议,但每年不得少于3次。① 实际上,在管理局的设立阶段和编制第一套开采规章期间,理事会每年召开两次会议。管理局的工作量减少之后,改为每年召开一次会议。然而,近年来,管理局的工作量大幅增加。因此,审查委员会建议:鉴于《海洋法公约》的相关规定和理事会工作量增加的情况,应考虑增加理事会的会议次数。

审查委员会还认为,根据目前的制度,理事会成员没有足够的时间来彻底研究法律和技术委员会关于承包者年度报告和工作计划的建议,更不用说在必要时寻求各国政府的指示。因此,审查委员会建议:当前程序的缺陷在于向理事会提交报告和向承包者提供有实际反馈的方面。因此,法技委及理事会的这一会议时间表需要重新审查。

第三,法技委。审查委员会认为,法律和技术委员会掌握其自身的内部程序。到目前为止,委员会已经有了在必要时建立工作组的做法。鉴于与深海采矿有关的环境问题越来越重要,如果委员会能够更加细致地关注这些问题,例如,设立一个工作组将是非常重要的。因此,审查委员会建议:应鼓励法技

---

① 《海洋法公约》第161条第5款规定:理事会应在管理局所在地执行职务,并应视管理局业务需要随时召开会议,但每年不得少于三次。

委继续设立工作组来处理特定专门知识领域的做法。应当考虑设立一个处理环境问题的工作组。此外,审查委员会还认为,需要深入审查法技委的任务、构成和工作量,因为管理局的这一机构无疑因任务繁多而负担过重。应当指出,目前,法技委还将按照《执行协定》附件第 1 节第 4 段的规定履行经济规划委员会的职能,直至理事会另有决定或直至第一个开采工作计划获得核准。在提名法技委的候选人方面,至关重要的是确保其成员具备《海洋法公约》第165 条规定的适当资格,例如,有关矿物资源的勘探和开发及加工、海洋学、海洋环境保护或关于海洋采矿的经济或法律问题以及其他有关专门知识领域的资格。《海洋法公约》的这一规定还责成理事会努力确保委员会的成员构成体现出所有的适当资格。有人对委员会专门知识的平衡性感到关切,并指出在经济和海底技术业务方面可能缺乏足够的专门知识。委员会构成方面的这些不平衡现象不仅涉及专门知识,还涉及公平地域代表性问题。鉴于委员会工作量不断增加,应考虑延长其会期,或每年增加一次会议。因此,审查委员会建议:为了加强委员会专门知识的平衡,秘书长发给成员国邀请提名候选人的信中应详细说明所需的专长领域。为了委员会能够应付日益增加的工作量,应重新审查目前的会议时间表。

第四,秘书处。审查委员会认为,截至 2017 年 1 月 1 日,秘书处由秘书长办公室、行政事务办公室、法律事务办公室以及环境管理和矿产资源办公室构成,每个单位由一名对秘书长负责的官员领导。① 为了加强协作沟通和促进集体管理,已经建立了若干机制。这些措施包括设立一个由秘书长主持的高级管理小组,协助他确保战略协调和指导秘书处的工作。因此,审查委员会建议:应请秘书长尽可能利用现有的新机制,加强秘书处内部沟通和协调。审查委员会还建议:应请秘书长不断审查秘书处所需技能和现有的专门知识,并在必要时作出调整。在保护和保全海洋环境方面,随着商业海底采矿即将开始,还应在保护和保全海洋环境方面取得进展。这引发了关于秘书处的专门知识水平的问题以及关于缺乏信息的问题。因此,审查委员会建议:应请秘书长考虑预算影响,优先考虑增加秘书处在环境政策、管理和规划领域的专门知识。此外,似乎需要改进对承包者收集的环境数据的共享和查阅工作。

----

① ISBA/ST/SGB/2017/01.

第五,企业部。审查委员会认为,设立企业部的问题自 2014 年以来一直被列入法律和技术委员会的议程。在 2016 年 7 月的会议上,委员会收到了秘书处提供的与企业部运作有关问题的最新审议情况。委员会注意到,其他优先事项限制了在这一问题上所取得的进展,其中涉及多个复杂问题,例如,企业部联合企业的资本化和价值等。在这方面,还有人建议,必须考虑目前的经济背景。委员会表示注意到进展情况报告,并决定将这一事项保留在其议程上,供进一步审议。鉴于秘书处目前人员配置不足,临时总干事和秘书处高级工作人员之间可能在职责方面发生利益冲突。因此,审查委员会应请法律和技术委员会根据深海采矿方面的动态,继续将企业部的落实问题作为重要事项处理。但是,目前不宜任命企业部临时总干事。

第六,管理局战略计划。审查委员会认为,制定一项涉及管理局的战略方向和目标的长期计划非常重要,此举将有助于编制秘书处的工作方案,提出明确的目标和可交付的成果,然后根据秘书处的工作方案编制管理局的预算。为此,审查委员会建议秘书长应编写一份战略计划草案供理事会审议,随后供大会审议。草案可以包括管理局必须做出某种结论的一些问题,例如,垄断、共同财产、惠益分享、有效控制和支配地位等,以及根据《海洋法公约》要求设立适当机构来指导和监督视察工作人员。这些视察员负责视察"区域"内活动,以确定《海洋法公约》第十一部分的规定、管理局的规则、规章和程序,以及同管理局订立的任何合同的条款和条件是否得到遵守。[①] 因此,审查委员会建议:请秘书长向大会提交一份战略计划草案,并应在 2018 年的第二十四届会议上提交。

三、定期审查对国际海底区域法律制度的影响

一方面,定期审查的法律基础是《海洋法公约》第 154 条,其审查的范围限于"区域"的国际制度的实际实施情况,并不涵盖法律制度本身。但是通过定期审查,不仅可以检验国际海底区域制度的实施绩效,反过来还可以评估这套法律制度本身的合理性,这是因为有些问题的产生并非实施所导致,而是制度本身的缺陷,可能是实体内容的缺陷,也可能是程序上的缺陷。也就是说,借

---

① 《海洋法公约》第 162 条第 2 款 Z 项。

助定期审查引向对制度本身的思考,从 1994 年开始生效的《海洋法公约》和《执行协定》面临一次合理性和可行性的大检验。通过定期审查,可以对制度本身实施层面的具体内容进行检验。对管理局制度实施层面的审查,包括对管理局出台的规章、指南及其规程等进行合理性和可行性的审查,如果是制度实施层面的不合理,则管理局大会可采取措施,或建议其他机构采取措施,对制度实施情况进行改进。通过审查,还可能发现一些制度规则需要细化和补充。

另一方面,对定期审查机制本身的思考。第三次联合国海洋法会议于 1982 年缔结了《海洋法公约》,1994 年《执行协定》和《海洋法公约》一同生效。1995 年《执行 1982 年 12 月 10 日〈联合国海洋法公约〉有关养护和管理跨界鱼类种群和高度洄游鱼类种群规定的协定》(简称《鱼类执行协定》)生效。从第二次世界大战后国际《海洋法公约》的缔结历史来看,随着形势的不断发展变化,每隔 20 年,国际海洋法律制度都将得到发展和修正。通过定期审查,可能会促使国际社会达成执行《海洋法公约》的新协定或者以其他方式修订《海洋法公约》,以使得国际海底法律制度得到发展。

第四章 中国深海法律体系的现状与评价

　　2011 年 3 月,我国国家立法机关对外宣布:一个以宪法为统帅,以宪法相关法、民商法、行政法、经济法等多个法律部门的法律为主干,由法律、行政法规、地方性法规等多个层次的法律规范构成的中国特色社会主义法律体系已经形成。国家经济建设、政治建设、文化建设、社会建设以及生态文明建设的各个方面实现有法可依。① 在我国特色社会主义法律体系中,深海法律体系是一个重要的组成部分。随着陆地资源的日趋枯竭,海洋资源的开发利用是人类可持续发展的必然选择。虽然我国传统上属于陆地国家,但中国不仅拥有大面积海洋领土以及丰富的海洋资源,而且人们的活动范围也早已延伸至海洋。相应地,中国法律体系的空间范围也应当覆盖海洋,即"黄土文明"向"海洋文明"转化。《深海法》是建设法治海洋的重要内容。作为我国公民、法人或者其他组织从事深海海底区域资源勘探开发活动的重要行为准则,《深海法》的出台是海洋领域的一件大事,对完善我国海洋法律体系、提升海洋法治水平、提高公众海洋法律意识、促进海洋事业的整体健康发展具有重大意义。②

　　本章以构建我国深海法律体系的基础展开,重点分析我国深海法律体系的基石——《深海法》,旨在重点把握我国深海海底区域活动法律法规的现状,并找出问题,为构建我国深海法律体系奠定现实基础。

---

　　① 吴邦国:"十一届全国人大四次会议工作报告",参见中华人民共和国中央人民政府网,http://www.gov.cn/2011lh/content_1821675.htm,最后访问日期:2017 年 5 月 20 日。

　　② 王宏:《为人类和平利用深海资源作贡献》,《人民日报》2016 年 3 月 2 日,第15 版。

第一节　我国深海海底区域活动
战略需求和发展历程

我国位于亚洲东部,太平洋西岸。陆地面积约960万平方千米,东部和南部大陆海岸线1.8万多千米。我国近海海域分布有大小岛屿7 600多个,其中,台湾岛最大,面积为35 798平方千米。我国与8国海上相邻。我国渤海(内海)和黄海、东海、南海三大边缘海毗邻的面积约470万平方千米。[①]

按照《中华人民共和国领海及毗连区法》《中华人民共和国专属经济区和大陆架法》等相关法律以及《海洋法公约》等国际法规定,我国可主张的管辖海域面积约为300万平方千米。然而,我国周边海域特别是南海又是世界上岛屿主权争端最多、海域划界问题最尖锐、资源争夺最激烈、地缘政治形势最复杂的地区之一。我国主张的300万平方千米的管辖海域中,有一半以上与邻国存在海域主张的重叠和管辖权的争议。[②]

我国虽然拥有相对漫长的海岸线,但是我国属于"海洋地理相对不利国家"。[③] 从地理上来说,我国大陆架无法完全延伸,海域被多个国家环绕。环顾我国周边海域,无论是东海还是南海都被多个国家环绕,形成了半封闭海形态。[④] 我国向外延伸的大陆架与他国大陆架交叉重叠,无法延伸至200海里。[⑤]

尽管我国人口众多,但自然资源人均占有量少,周边海域属于闭海或半闭海,资源和环境承载力有限,海洋地理条件不利。受地理和地质条件的限制,我国外大陆架向外扩展的空间也十分有限。作为中国未来战略发展空间与战略资源来源的国际海底区域,其重要地位和积极意义不言而喻,全面走向大洋

---

① 参见"国情",中华人民共和国中央人民政府网,http://www.gov.cn/guoqing/index.htm,最后访问日期:2019年8月12日。

② 张丹、贾宇:《中国的大洋事务》,五洲传播出版社2014年版,第52页。

③ 参见傅崐成:"我国是'海洋地理相对不利国家'",观察者网,https://www.guancha.cn/FuKunCheng/2016_05_09_359501.shtml,最后访问日期:2017年3月20日。

④ 国家海洋局海洋发展战略研究所课题组:《中国海洋发展报告(2015)》,海洋出版社2015年版,第23页。

⑤ 邢望望:《海洋地理不利国问题之中国视角再审视》,《太平洋学报》2016年第1期。

是中国海洋发展的必由之路。[①]

我国在深海海底区域的研究活动已经走过了30多年,我国在深海海底区域工作方面取得了积极进展,我国在深海海底区域的活动日益显示出其长远的战略意义。在政治上,维护了我国在深海海底区域的权益,拓展了我国走向全球大洋的战略活动空间;在经济上,开辟了我国战略金属资源的新来源,增强了未来深海新兴产业的国际竞争力;在科学技术上,提高了对深海底部的科学认知水平,促进和带动了我国深海技术装备的发展。

一、我国深海海底区域活动的战略需求

随着我国国民经济的持续增长与综合国力的稳步增强,我国对深海海底区域活动已经显示出日益增长的需求。

第一,战略资源需求。我国人口众多,人均陆地资源占有量仅占世界平均水平的58%,居世界第53位。镍、钴、铜、锰的储量分别占世界储量的6%、0.1%、4.9%和1.4%。近年来,我国每年铜、钴、镍、锰的消耗量均超过世界消耗量的50%,其中,镍的对外依存度达到80%,铜、钴、锰的对外依存度也都超过50%。[②] 而且随着经济增长,我国每年这些金属消费量都呈大幅上升趋势,所以,若不发现和探明新的储量,其保障年限将会更短。[③] 根据国家发改委有关报告预测,到2020年,我国45种主要矿产中将有21种难以保证需求,特别是石油、铁、铬铁矿、铜、铝土矿、镍、钾盐等关系国家经济和安全的大宗矿产将长期短缺。[④] 加入世界贸易组织以后,我国对具有独立知识产权的生物基因资源也有着广泛的需求。深海海底区域是目前新的生物基因资源的重要来源地,也是各国争夺的焦点。因此,开发利用深海资源、寻求新的深海资源的来源,是弥补我国陆地资源严重不足、保障国民经济持续发展的极为重要的途径。

第二,政治外交需求。按照《海洋法公约》所确定的法律制度,依法维护

[①] 张丹、贾宇:《中国的大洋事务》,五洲传播出版社2014年版,第53页。

[②] 参见中华人民共和国国土资源部编制:《2016中国国土资源公报》(2017年4月)。

[③] 金建才:《走向深海大洋是建设海洋强国的必然选择》,《海洋开发与管理》2012年第12期,第24页。

[④] 思源:《中国大洋勘探历程》,《海洋世界》2007年第1期,第13页。

我国在深海海底区域的权益和利益,为子孙后代开辟持续发展的空间和资源是当代人的责任。因此,积极开展深海海底区域研究开发活动,既是我国着眼长远发展战略,体现对人类共同继承财产的高度关注,维护我国作为发展中国家的海洋权益和利益的需要,也是我国全面介入管理局有关机构,充分利用国际法和国际机构积极参与国际海底事务,扩大我国影响的外交需要。

第三,高新技术需求。我国海洋的整体开发能力落后于国际水平,只有突出前沿、开拓创新,实行跨越式发展,才有可能在较短时间内赶超国际先进水平,取得 21 世纪开发利用海洋的主动权。当今世界上公认的深海技术是海洋高新技术领域的前沿和制高点,"下五洋"与"上九天"完全可以等量齐观。[①] 大力发展深海高技术,一是确保以强大的技术实力支持我国进入深海海底区域;二是促进和带动我国整体海洋技术水平的提高和发展;三是对相关领域的技术发展形成强劲的辐射和带动,使我国成为 21 世纪整体海洋技术实力强大、海洋高新技术发达的国家之一,从而为建设海洋强国提供重要的技术保障和技术支撑。[②]

二、我国深海海底区域活动发展历程

1978 年 4 月,我国"向阳红 05"号科考船在进行太平洋特定海区综合调查过程中,首次从 4 784 米水深的地质取样中获取到多金属结核的样品。[③] 1981 年,联合国第三次海洋法会议作出决议,允许在国际海底勘探上投入过大笔资金的国家,以"国际海底先驱投资者"的资格,在圈定海底矿区以及日后的开发上获得一定的政策。中国已于 1978 年在太平洋里采集过多金属结核,就此声明具备,并且申请"国际海底先驱投资者"的资格。从 1984 年起,中国就加大对海洋科考的投入,开始对国际海底进行系统的勘探活动,重点是夏威夷

---

① 高艳波、李慧青、柴玉萍、麻常雷:《深海高技术发展现状及趋势》,《海洋技术》2010 年第 3 期,第 71 页。

② "海洋局局长就我国大力发展深海高新技术等答问",中华人民共和国中央人民政府网,http://www.gov.cn/zwhd/2006 - 01/26/content_171995.htm,最后访问日期:2017 年 3 月 20 日。

③ "'海洋六号'随船见闻及对我海洋科考事业发展思考",国务院网,http://www.gov.cn/gzdt/2012 - 10/22/content_2248651.htm,最后访问日期:2019 年 5 月 22 日。

附近 200 万平方公里的国际海底。

1990 年,我国将国际海底多金属结核资源研究开发列为国家长远发展项目,设立了大洋专项;1991 年,以"为人类开发利用国际海底资源做出贡献"为宗旨的中国大洋矿产资源研究开发协会正式成立,成为组织我国各方面深海科研开发的力量,以及开展大洋工作的主要平台,并代表我国向国际海底管理局和国际海洋法法庭筹备委员会申请矿区登记。同年,中国大洋矿产资源研究开发协会在联合国登记注册为国际海底开发先驱投资者。2000 年,我国将大洋专项扩展调整为面向国际海底多种资源,确立了"持续开展深海勘查,大力发展深海技术,适时建立深海产业"的工作方针。当前,我国按照"立足资源、超越资源"的思路,通过持续开展深海勘查,大力发展深海技术,从而构建进军三大洋的战略格局。[①] 在一系列政策和方针的指导下,我国积极推进大洋工作。2001 年,中国大洋协会与管理局签订了位于东北太平洋的 7.5 万平方千米的多金属结核矿区勘探合同;2011 年获批位于西南印度洋 1 万平方千米的多金属硫化物勘探合同区;2013 年获批位于西北太平洋 0.3 万平方千米的富钴结壳勘探合同区。2015 年获批位于东太平洋 7.2 万平方千米的多金属结核矿区勘探合同。在持续开展深海勘查的同时,中国"大洋一号"科学考察船在郑和下西洋 600 周年之际,于 2005 年开展了中国首次环球科学考察。[②] 以历年大洋科考与调查资料为基础,中国于 2011 年首次对国际海底的地理单元进行命名,迄今在三大洋中已有 77 个获国际认可、体现中华文化与中国元素的海底地名。[③] 中国走向大洋的行动,带动了海洋技术装备的跨越发展。2012 年,"蛟龙号"载人潜水器完成了 7 000 米级的海上试验,实现了载人"下五洋"的梦想。

经过 30 多年的努力,中国走向深海的布局基本成型,海底调查评价全面开展,深海技术装备实现突破,深海科学的支撑指导作用明显增强,海底事务的影响力持续提升,一大批优秀青年人才脱颖而出,保证了我国国际海底工作的可持续发展。[④] 综合来说,我国深海海底区域活动的发展主要经历了三个

---

① 《中国在国际海底区域的活动》,《国务资源科普与文化》2015 年第 2 期。
② 《中国在国际海底区域的活动》,《国务资源科普与文化》2015 年第 2 期。
③ "关注深海保护 中国命名国际海底地名达 77 处",新华网,http://m. xinhuanet.com/video/2018－05/30/c_129882915.htm,最后访问日期:2018 年 9 月 20 日。
④ 《中国在国际海底区域的活动》,《国务资源科普与文化》2015 年第 2 期。

阶段。①

第一，准备阶段(1978—1989年)。1978年4月，我国"向阳红05"号考察船在进行太平洋特定海区综合调查过程中，首次从4 784米水深的地质取样中获取到多金属结核。1981年，针对联合国第三次海洋法会议期间围绕先驱投资者资格的斗争，我国政府声明我国已具备了国际海底先驱投资者的资格。从20世纪80年代开始，我国在深海海底区域开展了系统的多金属结核资源勘查活动。

第二，发展阶段(1990—2000年)。为了积极维护我国在深海海底区域国家权益并有所作为，以适应我国未来发展需要，1990年4月，国务院批准同意以中国大洋矿产资源研究开发协会(以下简称大洋协会)名义申请深海海底区域矿区登记，并将大洋多金属结核资源研究开发作为国家长远发展项目，给予专项投资。据此，我国成立了中国大洋协会筹备组，组织拟订了矿区申请登记的国际文书。1991年3月5日，管理局和国际海洋法法庭筹备委员会(简称海底筹委会)将我国登记为国际海底先驱投资者，并批准了我国位于东北太平洋深海海底区域15万平方千米的多金属结核资源开辟区。同年，中国大洋矿产资源研究开发协会作为协调我国开展大洋工作的国家平台在北京成立。大洋协会的成立开启了我国全面进军深海海底区域的序幕。这一时期，我国制定了《大洋多金属结核资源研究开发发展规划》，以指导我国在深海海底区域活动。

第三，提升阶段(2000年至今)。进入21世纪以来，我国深海海底区域活动进展主要表现在以下几个方面。

在资源勘探方面，我国已在国际海底区域获得4块勘探合同区，并开展了大量海上调查、资源和环境评价研究工作；在深海勘查方面，我国已拥有多波束测深系统、深海拖曳观测系统、6 000米水下自治机器人等勘查装备；在深海开采技术方面，大洋协会已展开了1 000米级的深海多金属结核采矿海试系统的研制工作，并于2001年在抚仙湖成功完成135米湖试；在能力建设方面，我国于2002年已完成对"大洋一号"号科考船的现代化改装工作，大洋综合调查

---

① 关于我国深海海底区域活动发展历程的论述，参见中国大洋矿产资源研究开发协会网，http://www.comra.org/index.htm，最后访问日期：2017年2月23日。

新船和大洋勘探工程船建造成功,并获得发改委批复立项,建立了国家深海基地管理中心等大洋业务支撑平台,有效促进了大洋工作的全面发展;在国际事务方面,我国于 2000 年连任理事会 B 组(主要投资国)成员,2004 年当选为 A 组(主要消费国)成员。我国在管理局的地位日益提高。

第二节 中国深海法律体系的基础和现状

自《深海法》实施以来,我国深海法律体系建设进一步推进,相关配套制度不断完善,有力地促进了我国深海大洋事业的健康、可持续发展。[①] 这样的成绩离不开良好的基础。

一、深海法律体系的基础

构建我国深海法律体系并非一蹴而就,在出台《深海法》之前,我国具有良好的基础,一方面,以习近平总书记为核心的党中央高瞻远瞩,出台了一系列发展海洋事业的战略规划和政策;另一方面,我国的法律体系中在不同层面也涉及了深海法律制度。

(一)党和政府的战略决策

党和政府的战略决策是构建我国深海法律体系的重要基础。海洋是人类生存和可持续发展的重要物质保障,中华民族是最早利用海洋的民族之一。但是,受农耕文明及长期闭关锁国的影响和制约,我国历史上海洋意识长期薄弱,重陆轻海,使中华民族错失海洋大发展的机遇。早在 2002 年,时任福建省委副书记的习近平就对提高海洋意识、深化海洋国土观念作了重要论述,指出:要使海洋国土观念深植在全体公民,尤其是各级决策者的意识之中,实现从狭隘的陆域国土空间思想转变为海陆一体的国土空间思想。[②] 2012 年,党的十八大报告首次提出坚决维护国家海洋权益,实施海洋强国战略。2013 年,习近平总书记进一步强调:"我国既是陆地大国,也是海

---

① "我国深海法配套制度不断完善",中华人民共和国中央人民政府网,http://www.gov.cn/xinwen/2017 - 05/08/content_5191738.htm,最后访问日期:2017 年 6 月 29 日。

② "实现中华民族海洋强国梦的科学指南",国家海洋局网,http://www.soa.gov.cn/xw/hyyw_90/201709/t20170901_57661.html,最后访问日期:2017 年 6 月 29 日。

洋大国。"①海陆一体的国土意识,将蓝色国土与陆地领土视为平等且不可分割的统一整体,这是我国几千年来国土观念未有之变革,是中华民族寻求新的发展路径的重大战略选择。

随着我国综合国力的提升和"走出去"战略的大力实施,近年来,我国对海洋工作日益重视。习近平总书记提出的实施海洋发展战略的思想使我国的海洋意识和海洋工作发生了重大转变,深海工作在原有基础上也不断取得进展。2015年11月3日发布的《中共中央关于制定国民经济和社会发展第十三个五年规划的建议》提出:加强宏观经济政策国际协调,促进全球经济平衡、金融安全、经济稳定增长。积极参与网络、深海、极地、空天等新领域国际规则的制定。网络、深海、极地、空天成为中国未来发展的四大新疆域。习近平总书记强调,要提高我国参与全球治理的能力,着力增强规则制定能力、议程设置能力、舆论宣传能力、统筹协调能力。② 2016年,习近平总书记首次明确提出"深海进入""深海探测"和"深海开发"的中国深海战略"三部曲"。③ 拓展深海新疆域、积极参与深海国际治理已经成为我国的共识。

(二) 相关立法的完善

在《深海法》出台之前,我国的国内法中已有与深海海底区域资源勘探、开发活动相关的法律规定,包括《海洋环境保护法》《环境影响评价法》《海域使用管理法》《矿产资源法》《海上交通安全法》《国家安全法》等;行政法规,如《矿产资源法实施细则》《矿产资源开采登记管理办法》《海洋石油勘探开发环境保护管理条例》《海洋倾废管理条例》《防治船舶污染海洋环境管理条例》《防治海洋工程建设项目污染损害海洋环境管理条例》等;规章,如《矿产资源规划编制实施办法》《海洋石油安全生产规定》《船舶污染海洋环境应急防备和应急处置管理规定》《矿产资源开采登记有关规定》《海洋标准化管理规定》等,这些均为深海立法工作奠定了较好的实践基础。此外,在大洋样品资料管理方面,中国大洋矿产资源研究开发协会(以下简称中国大洋协会)制定了《大洋样品管理条

---

① 习近平:"要进一步关心海洋、认识海洋、经略海洋",中国政府网,http://www.gov.cn/ldhd/2013-07/31/content_2459009.htm,最后访问日期:2018年6月14日。

② "习近平总书记的全球治理思想",人民网,http://theory.people.com.cn/n1/2017/0817/c83859-29476848.html,最后访问日期:2018年6月14日。

③ 习近平:"为建设世界科技强国而奋斗",新华网,http://www.xinhuanet.com/politics/2016-05/31/c_1118965169.htm,最后访问日期:2018年6月14日。

例《大洋样品管理细则》《大洋资料管理规定》等规范性文件,直接针对深海海底区域资源调查、勘探和开发研究活动。

近年来,我国有关环境资源开发、利用、保护和管理的立法有了长足的进展,环境资源法律框架体系已经基本形成。深海海底区域资源勘探、开发活动既涉及资源勘探、开发,又涉及对深海资源的合理利用和对海洋环境的保护。上述法律规范从不同角度规范了我国公民在我国领土或者管辖海域内的资源开发、利用以及保护的问题。虽然这些活动不涉及我国管辖范围以外的海域,但是,我国政府坚持对法律规范的一致性,使得这些国内法为我国制定、实施深海海底区域资源勘探开发法奠定了良好的法律基础。

二、以《深海法》为基石的法律体系现状

法律体系是法理学的一个基本概念,是指"由一个国家的全部现行法律规范分类组合为不同的法律部门而形成的有机联系的统一整体"。① 从构成来看,法律体系涉及两个问题:一是法律规范的范围,即哪些规范性文件属于法律体系范围;二是法律规范的分类,即如何将所有法律规范科学、合理地划分为若干法律部门。法律体系是一个整体性、系统性的概念,其中必然存在某种整体和部分之间的关系,从而涉及法律分类的问题。法律分类也是法理学的一个基本概念,按照不同的标准,法律可以按照历史或逻辑地划分为不同的种类。②

由上可知,深海法律体系是由各种深海海底区域活动法律规范相互协调与衔接而组成的结构完整、内容广泛、层次分明的法律体系。③ 对于深海法律体系,应着重从以下三方面理解。

第一,深海法律体系并非法律部门。目前中国法律部门的主要划分标准是法律规范所调整的社会关系及其调整方法。按照这一标准,中国特色社会主义法律体系可以划分为宪法、民商法、行政法、经济法、社会法、刑法、诉讼与

---

① 吴邦国:《为形成中国特色社会主义法律体系而奋斗》,《人民日报》2004 年 2 月 1 日,第 2 版。

② 张志铭:《转型中国的法律体系建构》,《中国法学》2009 年第 2 期,第 141—142 页。

③ 下述我国深海法律体系的论述,参见汤喆峰、司玉琢:《论中国海法体系及其建构》,《中国海商法研究》2013 年第 3 期,第 6—7 页。

非诉讼程序法等七个主要法律部门,①深海法律体系不能成为独立的法律部门。相反,从法律规范的内容看,深海海底区域活动法律与刑法、民商法、行政法等各法律部门均存在一定程度的交叠,可以说,深海法律体系乃是由各法律部门中涉及深海海底区域活动的法律规范共同组成。

第二,深海法律体系虽然不是法律部门,但仍然具有整体性。分散于各个部门法中的法律规范之所以能够彼此组成相对独立与完整的深海法律体系,其深层原因或者说关键联结点在于这些法律规范所调整的社会关系均在深海海底区域这一特定的空间领域下展开。例如,行政机关就深海海底区域活动管理而产生的行政法律关系原本属于行政法调整的范畴,但由于其特殊的空间背景,这些法律规范又可以纳入深海法律体系。

第三,深海法律体系是高于法律部门的法律体系。由于在内容上跨越多个法律部门,与其说深海法律体系是对法律部门的进一步细化与分类,毋宁将其作为在更高的层次上对中国法律体系进行的另一种划分。具体而言,深海法体系是以法律适用的空间范围为标准而形成的独具特色的法律体系,其调整对象包括民商、刑事、行政等深海海底区域活动社会关系。

目前,深海法律体系的核心法律——《中华人民共和国深海海底区域资源勘探开发法》已经在 2016 年通过并生效,确立了我国对深海海底区域资源的勘探开发活动的许可、环境保护、科技发展与资源调查等制度,对于规范我国深海资源勘探开发活动、推进深海科学技术研究及资源调查、保护深海环境、促进资源可持续利用均具有重要作用,为我国公民、法人或者其他组织从事深海海底区域资源勘探、开发和相关环境保护、科学技术研究、资源调查活动提供了基本的法律依据。

为了实施《深海法》,国家海洋局制定了一系列的配套制度。2017 年4 月 27 日,国家海洋局正式印发并实施了《深海海底区域资源勘探开发许可管理办法》②规范性文件。《深海海底区域资源勘探开发许可管理办法》根

---

① 虽然法律部门的划分有多种标准与方式,但是此种划分在 2001 年第九届全国人大第四次会议上被全国人大常委会的工作报告确认,并作为"2010 年中国特色社会主义法律体系"的目标方案。

② "《深海海底区域资源勘探开发许可管理办法》",参见国家海洋局网,http://www.soa.gov.cn/zwgk/gfxwj/jddy/201705/t20170503_55849.html,最后访问日期:2017 年8 月 5 日。

据《深海法》《行政许可法》等有关法律制定,以期加强对深海海底区域资源勘探、开发活动的管理,规范深海海底区域资源勘探、开发活动的申请、受理、审查、批准和监督管理,促进深海海底区域资源可持续利用,保护海洋环境。2017年12月29日,国家海洋局印发《深海海底区域资源勘探开发样品管理暂行办法》①和《深海海底区域资源勘探开发资料管理暂行办法》。② 两部《暂行办法》根据《深海法》《中华人民共和国保守国家秘密法》和《中华人民共和国档案法》等有关法律法规制定,旨在规范深海海底区域资源勘探、开发和相关环境保护、科学技术研究、资源调查活动中所获取深海样品与资料的管理,充分发挥深海样品与资料的作用,促进深海科学技术交流、合作及成果共享,保护深海样品与资料汇交人权益。③

　　为了规范我国载人潜水器潜航学员选拔程序和加强载人潜水器潜航学员培训工作,国家海洋局于2017年2月批准发布的《载人潜水器潜航学员选拔要求(医学部分)》和《载人潜水器潜航学员培训大纲》④等海洋行业标准已于2017年6月1日实施。《载人潜水器潜航学员选拔要求(医学部分)》规定了潜航学员选拔的医学技术要求,包括外科、内科、耳鼻喉及口腔科、眼科、神经科、妇科(女性)、辅助检查、特殊检查、精神卫生及心理等。《载人潜水器潜航学员培训大纲》规定的培训内容,包括职业素养培训、体质体能与心理训练、基础理论培训、载人潜水器理论与技术培训、载人潜水器操作技术培训、海上作业实习、实艇操控培训。潜航学员培训周期为两年。《载人潜水器潜航学员选拔要求(医学部分)》和《载人潜水器潜航学员培训大纲》的发布,是发展我国深潜事业的重要一步,有助于培养一支专业化的潜航员队伍,提升我国海洋探索的探

---

　　① "国家海洋局关于印发《深海海底区域资源勘探开发样品管理暂行办法》的通知",中国大洋协会网,http://www.comra.org/2018-01/04/content_40131051.htm,最后访问日期:2019年5月22日。

　　② "海洋局关于印发《深海海底区域资源勘探开发资料管理暂行办法》的通知",国务院网,http://www.gov.cn/gongbao/content/2018/content_5299622.htm,最后访问日期:2018年5月19日。

　　③ "《深海法》新增两项配套规范性文件　规范深海样品与资料管理",搜狐网,http://www.sohu.com/a/214912225_713222,最后访问日期:2018年5月12日。

　　④ 《载人潜水器潜航学员选拔要求(医学部分)》和《载人潜水器潜航学员培训大纲》全文,参见国家海洋局网,http://www.soa.gov.cn/zwgk/hygb/gjhyjgg/201702/t20170222_54898.html,最后访问日期:2017年8月5日。

测能力与研究水平。① 国家海洋局局长表示,更多的《深海法》配套法律规范正在紧锣密鼓地制定,我国深海法律体系的"四梁八柱"正在搭建之中。②

第三节　作为"基石"的《深海法》

将《深海法》称为我国深海法律体系的"基石"是因为这是我国第一部规范公民、法人或者其他组织在国家管辖范围以外海域从事深海海底区域资源勘探、开发活动的法律,是我国参与深海海底区域资源勘探开发活动的重要准则。正如大洋协会秘书长刘峰所言:《深海法》的出台意味着我国开启了进一步规范深海海底区域资源勘探、开发活动的征程,成为推动我国深海大洋事业跨越发展的新的里程碑。③

一、《深海法》制定背景

法律植根于实践,展现于生活,作用于社会。法律的制定离不开对社会实践的抽象和概括。我国制定《深海法》有着坚实的实践基础。④

第一,我国获批深海勘探矿区,深度参与深海活动。1991 年,中国大洋协会申请深海海底多金属结核资源矿区获得联合国国际海底管理局和国际海洋法法庭筹备委员会批准,在联合国登记注册为"区域"活动先驱投资者,时任联合国秘书长德奎利亚尔签署了登记证书。以申请矿区为契机,我国开始系统部署和开展深海海底区域调查和研究活动,我国几代大洋科考工作者肩负着祖国和人民的重托,不畏艰险、开拓进取。截至目前,我国获得了深海海底区域 3 种主要矿产资源的 4 块勘探合同矿区。我国作为拥有 14 亿人口的发展中国家,积极开展深海海底区域资源勘探、开发活动,既有权享用"人类共同继

---

① "我国潜航学员选拔和培训标准正式发布",新华网,http://news.xinhuanet.com/tech/2017 - 02/26/c_1120531238.htm,最后访问日期:2017 年 8 月 5 日。

② 王宏:"《深海法》助力我国建设海洋强国",国家海洋局网,http://www.soa.gov.cn/xw/hyyw_90/201705/t20170503_55851.html,最后访问日期:2017 年 6 月 16 日。

③ 刘峰:"《深海法》推动完善深海法律体系顶层设计",中国大洋矿产资源研究开发协会网,http://www.comra.org/2017 - 05/15/content_9481537.htm,最后访问日期:2017 年 5 月 3 日。

④ 下述内容整理自中国大洋协会办公室相关资料:《中国海洋事业改革开放 40 年系列报道之深海大洋篇》,《中国海洋报》2018 年 5 月 8 日。

承财产"的相应份额,也有义务保护深海环境和海洋生态系统,有必要用完备的立法来管控我国公民、法人和其他组织在深海海底区域的资源勘探、开发行为,并保护其正当权益。①

第二,持续开展深海勘查,为进军深海奠定基础。深海航次调查是开展深海海底区域工作的基础。中国大洋协会成立以来,已先后组织开展了50多个航次,对深海海底多金属结核、多金属硫化物和富钴结壳资源、深海环境和生物多样性等开展了调查。调查区域遍及太平洋、印度洋和大西洋,"多种资源、多个海域、多船作业"的海上调查格局逐步形成并不断巩固。在以寻找新的可开发资源、推动地球科学和深海高新技术发展的目标导向下,我国深海航次为深海海底矿区申请、深海科学探索与研究、深海高新技术和装备研发等奠定了坚实的基础,深海活动能力和航次影响力不断提升和显现。目前,除我国已获批的4块深海海底勘探合同区以外,以深海调查资料为基础提交的72个国际海底地名命名提案已经国际海底地名分委会审议通过,传承中华文明的海底地理实体命名已遍及三大洋。

第三,大力发展深海技术,为挺进深海提供保障。由我国自主设计、集成创新、具有自主知识产权的载人潜水器"蛟龙"号于2012年6月成功完成7 000米级海试,标志着我国在深海海底区域资源勘探、开发的设备研发工作中取得了重大进展。目前,我国深海装备渐成体系,初步具备了6 000米深海探测作业能力。以"蛟龙"号载人潜水器、"海龙"号缆控潜水器、"海马"号缆控潜水器和"潜龙"号自主潜水器为代表的水下运载装备系列成为深海海底区域资源和环境调查中的重要手段;电磁法拖曳系统、中深钻、6 000米声拖系统和4 500米级深海资源自主勘查系统等我国自主研制的深海装备在深海航次中得到充分应用,为我国开展深海调查、评价与研究、履行国际义务提供了有力保障。经过多年努力,我国在发展勘查深海海底资源、保护深海环境的技术装备等方面实现重大进展,在深海耐压舱、深海浮力材料、深海推进器、深海液压控制、深海通信与定位技术、深海机械手等方面均取得了突破。深海装备技术水平的提升带动了我国相关领域的技术发展,为我国进军深海和保障《深海法》出台后的有效实施提供了坚实的基础。

---

① 陆浩:《深海海底区域资源勘探开发立法的理论与实践》,《中国人大杂志》2016年第15期。

第四,适时建立深海产业,产业基础初步成型。随着我国综合国力的提升,海洋新兴产业快速发展,沿海各地形成了规模不等、类型多样的海洋产业集群。深海技术装备国产化率不断提高,企业与地方参与深海资源勘探开发的步伐加快,"十二五"期间,中国五矿集团申请获得深海海底矿区的勘探权,相关企业通过资产并购与合同承接,与国际深海矿业财团开展了务实合作。① 在此基础上,国家"十三五"相关规划提出以推进深海产业发展为方向,积极引导企业参与深海资源勘探开发,加快深海技术装备研发成果转化步伐,发展深海装备制造业,积极培育深海矿业,努力提高着眼深海资源开发的产业化水平。在规范企业从事深海海底区域资源勘探、开发活动的同时,通过国家鼓励相关产业合作和支持企业开展深海科学技术研究和技术装备研发,契合我国适时建立深海产业的需求,为引导企业作为深海资源开发中的主体地位提供了制度上的保障。

二、《深海法》的框架结构与主要内容

(一)《深海法》的框架结构

《深海法》主要协调我国政府与从事深海海底区域资源勘探、开发活动的公民、法人或者其他组织与国际海底管理局三者之间的关系。

第一,我国政府规范管理我国公民、法人或者其他组织从事深海海底区域资源勘探、开发活动,对从事深海海底区域资源勘探、开发活动的主体实行行政许可,并对这些活动进行监管。与此同时,国家保护从事深海海底区域资源调查、勘探、开发活动主体的正当权益,并采取经济、技术政策和措施鼓励深海科学技术研究和资源调查,提升深海海底区域资源勘探、开发和环境保护的能力。

第二,作为深海海底区域法律制度的执行者,"区域"活动的管理者和监管者,管理局代表全人类行使对"区域"内资源的一切权利。而作为《海洋法公约》的缔约国,我国有责任确保由我国担保从事深海海底区域资源勘探、开发活动的主体依照《海洋法公约》和国际海底管理局的相关规定与要求,开展深海海底区域资源勘探、开发活动,并有义务协助国际海底管理局开展

---

① "英国 SMD 被南车子公司收购",网易,http://money.163.com/15/0417/03/ANCFJROK00253B0H.html,最后访问日期:2017 年 3 月 22 日。

相关工作。

第三,从事深海海底区域资源勘探、开发活动的我国主体向国务院海洋主管部门申请并获得许可是前置条件,需要向国际海底管理局申请,并获得其核准,签订合同成为深海海底区域资源勘探、开发活动的承包者后,方可依据合同授权和规定从事深海海底区域资源勘探、开发活动。

《深海法》由七章 29 条组成,分别为:第一章总则;第二章勘探、开发;第三章环境保护;第四章科学技术研究与资源调查;第五章监督检查;第六章法律责任;第七章附则。第一章总则统领整部法律,是关于《深海法》立法目的、适用范围、基本行为原则、管理体制、国家政策等内容的规定。第七章附则规定了《深海法》中的术语、涉税事项和实施日期。第二至第六章分别从不同方面阐述了深海海底区域资源勘探、开发活动。其中,第二章勘探开发是《深海法》的核心规范内容,规定了进行深海海底区域资源勘探开发活动所必须履行的申请、受理、审查、许可、备案、通报等程序,承包者权利与义务,以及在从事深海海底区域资源勘探、开发活动期间对应急情况的处置等规范要求。第三章环境保护的规定既是体现和履行我国的国际责任和承诺,维护人类共同利益的重要组成部分,也是对由我国担保从事深海海底区域资源勘探、开发活动的承包者施加的义务。第四章科学技术研究与资源调查的规定,体现了《深海法》推进科学技术研究和资源调查的重要目的,是就国家支持深海科学技术研究、深海公共平台建设和运行,鼓励开展深海科学普及活动,以及对深海海底区域资源调查及勘探、开发活动取得的资料和实物样本汇交与利用做出的专门规定。第五章监督检查和第六章法律责任是保证《深海法》效力的重要内容,也是落实国际法相关要求,管控由我国担保的深海活动主体从事深海海底区域资源勘探、开发活动的重要体现。《深海法》结构如表 4 - 1 所示。

(二)《深海法》的主要内容

《深海法》第一章为总则,该章明确《深海法》所称深海海底区域是指我国和其他国家管辖范围以外的海床、洋底及其底土,这一区域即《海洋法公约》所指的"区域"。"区域"及其资源是人类共同继承财产,由国际海底管理局代表全人类履行组织、控制"区域"内活动,特别是管理"区域"资源的职能。任何国家、组织或者自然人、法人不得将深海海底区域及其资源的任何部分据为己

表 4-1　《深海法》框架结构

总则（第一章）			
立法目的			第 1 条
立法原则			第 3 条
立法范围			第 2 条
鼓励政策			第 4、6 条
主管部门			第 5 条
勘探、开发（第二章）		环境保护（第三章）	科学技术研究与资源调查（第四章）
许可、审查程序　第 7、8、10 条	防止环境污染　第 12 条	公共平台　第 16 条
承包者权利和义务　第 9 条	环境监测　第 13 条	数据资料管理　第 18 条
应急事项　第 11 条	海洋生物多样性保护　第 14 条	激励政策　第 15、17 条
监督检查（第五章）			
监督检查机关			第 19 条
承包者报告和协助、配合义务			第 20、22 条
检查事项			第 21 条
法律责任（第六章）			
可以撤销许可并撤回文件情形			第 23 条
罚款与没收违法所得情形			第 24、25、26 条
刑事责任情形			第 26 条
附则（第七章）			
术语 & 定义			第 27 条
涉税事项			第 28 条
实施日期			第 29 条

有。依据《海洋法公约》和相关法律文件,深海海底区域形成了一套有别于主权国家独特的国际法律制度。深海海底区域资源勘探、开发活动不仅要考虑我国国内法律体系,还要考虑相关国际法律。鉴于此,《深海法》的立法目的和基本原则既体现了维护我国国家利益,也体现了对人类共同利益的考量。《深海法》充分顾及深海海底区域资源勘探、开发活动所具有的国际性、高风险性、高技术性和整体性,对我国主体在深海海底区域的活动实行归口管理,由国务院海洋主管部门负责对深海海底区域资源勘探、开发和资源调查活动的监督管理。国务院其他有关部门按照国务院规定的相应职责负责相关管理工作。该章还规定了国家制定深海海底区域资源勘探、开发规划,采取相应的政策措施,鼓励深海科学技术研究和资源调查,并鼓励和支持在深海海底区域资源勘探、开发和相关方面开展国际合作。

《深海法》第二章为深海海底区域活动勘探、开发,由5条内容组成。一是规定了中华人民共和国的公民、法人或者其他组织从事深海海底区域资源勘探、开发活动所应遵循的程序,即在向国际海底管理局提交申请前,须先经过国内申请、审查和许可的程序,明确在与国际海底管理局签订合同成为承包者后,方可从事深海海底区域勘探开发活动。二是明确了承包者勘探、开发深海海底区域资源的相应权利和义务;勘探、开发活动期内承包者权利和义务转让、合同变更、终止的相关要求。三是规定了勘探、开发活动期间发生或可能发生严重损害海洋环境等事故时应立即启动应急预案和应采取的相关措施。该章体现了《深海法》的核心规范内容是深海海底区域资源勘探、开发活动。国家通过设立行政许可制度明确申请、审批、报备等程序,确定承包者的权利和义务,规定应对勘探、开发活动中突发事件的处置机制,以确保有能力的主体有序地进行深海海底区域资源勘探、开发活动,并确保其遵守《海洋法公约》规定,也体现了我国作为《海洋法公约》缔约国应履行的国际义务。

《深海法》第三章为深海海底区域勘探开发活动中的环境保护,共3条内容,规定了承包者在深海海底区域进行勘探开发活动时保护海洋环境的义务。一是对承包者保护海洋环境的原则规定和要求。例如,应采取必要措施防止、减少、控制在勘探、开发区域内的活动对海洋环境造成污染和其他危害。二是对承包者确定环境基线、进行海洋环境影响评估、制定和执行环境监测方案以及保护海洋生物多样性的具体要求。三是要求承包者采取必要措施保护和保全稀有或者脆弱的生态系统等。该章专门规定承包者在深海海底区域进行勘探开发活动时保护海洋环境的义务,强化了海洋环境保护规范,体现了我国履行海洋环境保护的国际责任和承诺。

《深海法》第四章为科学技术研究与资源调查,共 4 条,是对总则中第 1 条"推进深海科学技术研究、资源调查"立法目的和第 4 条"国家采取经济、技术政策和措施,鼓励深海科学技术研究和资源调查,提升资源勘探、开发和海洋环境保护的能力"规定的展开。包括国家支持深海科学技术研究和专业人才培养,鼓励产业合作和企业进入深海;支持深海公共平台建设和运行;鼓励单位和个人通过多种方式开展深海科学普及活动;建立深海资料样本汇交制度和向社会提供利用等规定。该章具体体现了"准备好"的重要立法思想,以提升深海海底区域资源勘探、开发和海洋环境保护的能力,推进深海强国建设。其中包含以扎实的科学技术研究和人才培养实现深海海底区域资源的有效勘探与开发;以科学技术进步和高科技手段保护海洋环境;以支持企业培育未来深海资源开发产业;以传播与普及深海海底科学知识、向社会提供资料样本的利用提升公众对深海的认知能力和参与深海活动。

《深海法》第五章为监督检查,该章规定了监督检查制度,明确了在深海海底区域资源勘探、开发活动中对承包者进行事中监管的制度和措施,是我国履行担保国义务的重要体现。该章共 4 条,规定了监督检查的主体、客体、内容。监督检查的主体是国务院海洋主管部门,被检查的对象是承包者,检查内容是勘探、开发活动和相关的环境监测等事项。该章规定国务院海洋主管部门对勘探、开发活动的承包者进行监督检查,具体规定了报告制度和现场检查制度。承包者应向国务院海洋主管部门定期报告相关活动情况,并应配合其监督检查。通过监督检查主体与客体之间的互动,确保《深海法》核心规范的深海海底区域资源勘探、开发这一主要环节的活动是可管控的,体现了通过立法管控好深海海底区域资源勘探、开发活动的立法目的。

《深海法》第六章为法律责任,共 4 条内容。法律责任是指违反法律规定的行为应当承担的法律后果。该章规定了两种法律责任,即行政责任和刑事责任。行政责任是指有违反有关行政管理的法律、法规的规定,但尚未构成犯罪的行为所依法应当承担的法律后果,分为行政处分和行政处罚。刑事责任是指依据国家刑事法律规定,对犯罪分子依照刑事法律的规定追究的法律责任。《深海法》的适用范围是深海海底区域,通过在《深海法》中规定刑事责任有其必要性,可以敦促深海海底区域资源勘探、开发活动承包者履行合同义务。该章主要是关于从事深海海底区域资源勘探、开发的承包者和从事深海海底区域相关环境保护、科学技术研究、资源调查活动的当事者违反《深海法》或者其他法律法规应当承担的法律责任等内容的规定。进行深海海底区域资源勘探、开发活动的承包者需要注意,违反《深海法》规定要承担行政责任,情节严重的还需承担刑事责任。同时,如果违反了与国际海底管理局签订的合同,还要对国际海底管理局承担责任。这是两种不同性质的责任。

《深海法》第七章附则,共 3 条,分别对勘探、开发、资源调查作了解释,对涉税事项和施行日期作了规定。

三、《深海法》的重要意义

《深海法》的出台,是我国法治海洋建设的重要内容,也是我国积极履行国际义务的重要体现,对我国海洋事业持续健康发展和人类和平利用深海海底区域资源具有重要意义。

第一,《深海法》使我国深海海底区域活动有法可依。依据《海洋法公约》规定,缔约国应制定相关法律制度,确保本国公民、法人或者其他组织依照公约规定在深海海底区域内开展资源勘探、开发活动。《深海法》的出台,体现了我国作为公约缔约国和深海活动的主要参与国,对国家责任和国际义务的担当。同时,也为我国深海大洋事业的可持续发展筑牢了坚实的法律基础,使大洋工作有法可依、有章可循。《深海法》授予国务院海洋主管部门对深海海底区域勘探、开发和资源调查活动行使监督管理的权力,同时明确了勘探、开发的许可程序和具体要求;明确了环境保护的原则;明确了国家支持深海科学研究和专业人才培养、支持深海公共平台建设和运行的原则;明确了资料汇交的要求,以及违反《深海法》应当承担的法律责任。这些都为我国公民、法人或其他组织开展深海海底区域勘探、开发活动提供了全面的法律依据,使我国大洋工作进入依法开展的新阶段。

第二,《深海法》为我国企业进入深海指明了方向。目前,深海海底区域仍然以资源勘探为主,但是,随着技术和市场环境条件的逐步完善,深海矿产资源商业开发在不久的将来一定会成为现实。目前,中国五矿集团公司、①上海彩虹鱼海洋科技股份有限公司、②浙江太和航运有限公司③等中国企业纷纷将目光瞄向深海大洋。深海海底区域的勘探说到底都是为了以后的开发,深海矿产资源勘探开发事业必将走向以企业为市场主体的模式。为此,《深海法》未雨绸缪,在进行深海海底区域资源勘探开发活动中,为企业需要在履行条约义务、维护自身在国际海底区域资源权益、深度参与国际海底区域事务时提供法律规定作为依据和准绳。特别是在发生国际纠纷的时候,《深海法》对明确中国企业的责任、维护中国企业的利益显得尤为重要。④ 可以说,《深海法》就像一场及时雨。与此同时,这部法律将消除更多民营企业投资深海科技研究和资源勘探开采的顾虑,对于争取更多的民间资金支持而言是一个利好。

第三,《深海法》奠定了深海科技资源共享的法律基础。国际海底资源勘探开发具有技术要求高、投资大、周期长、风险高和收益不确定等特点。我国深海科学技术研究水平和深海资源勘探、开发能力建设与发达国家相比仍存在较大差距。《深海法》有利于整合各类资源,支持深海公共平台的建设和运

---

① 中国五矿集团公司与国际海底管理局签署了《多金属结核勘探合同》。根据该项协议,中国五矿集团公司获得了东太平洋克拉里昂—克利帕顿断裂区多金属结核保留区内72 740平方千米国际海底多金属结核资源勘探矿区的专属勘探权和优先开采权。这是我国获得的第4块国际海底专属勘探矿区。参见"中国五矿与国际海底管理局签署多金属结核勘探合同",中国五矿集团公司网,http://www.explore.minmetals.com.cn/xwdt_4612/gsxw/201705/t20170531_225724.html,最后访问日期:2017年6月18日。

② 上海彩虹鱼海洋科技股份有限公司是一家从事海洋科学技术开发应用研究,并将研究成果进行产业化与市场化发展的深海高科技公司。2016年12月27日,由上海海洋大学深渊科学技术研究中心和上海彩虹鱼海洋科技股份公司组成的深渊科学考察队,利用自主研发的三台全海深探测器,在万米深渊成功开展了一系列科学考察工作。这标志着中国科学家探索"人类未知的深海世界"又迈出了实质性的一步。参见"'彩虹鱼'成功挑战万米深渊",上海彩虹鱼海洋科技股份有限公司网,http://www.rainbowfish11000.com/home.html,最后访问日期:2017年6月20日。

③ 浙江太和航运有限公司是一家专业致力于科学考察船运营管理和海洋工程船舶服务的公司。该公司和国家海洋局第二海洋研究所合作开发建造的4 500吨级海洋科学综合考察船,是全国首例民营企业与国家海洋事业单位共建的远洋科考船,也是民营资本首次进入国家远洋科考领域的一个创新项目。参见浙江太和航运有限公司网,http://www.zjths.com/Info.aspx? ChannelID=1&ClassID=1,最后访问日期:2017年6月12日。

④ 刘宁武:《助推企业投身深海矿产勘探开发事业》,《中国海洋报》2016年3月11日,第A1版。

行,推进建立深海公共平台共享合作机制,为深海科学技术研究、资源调查等活动提供船舶、装备支撑和专业化服务,推进科研水平和勘探、开发能力的提升。同时,《深海法》鼓励企业积极参与深海科学技术研究、技术装备研发及相关产业发展。企业的加入,必将推动相关技术的研发及产业化进程,并提前布局资源开发技术储备。科研院所、高校和企业强强联合,覆盖了整条行业链,必将大力推动和促进我国深海科技水平的进步。① 这标志着深海公共平台建设已成为全民的共识、国家的意志,为深海公共平台建设、共享合作机制建立、相关政策法规的制定奠定了法律基础。②

第四,《深海法》将促进我国深海人才队伍的培养。目前,我国大洋科考队伍由最初的少数几家单位发展到联合国内外优势海洋研究科研院所、高校和企业的综合勘探与研究队伍。《深海法》将支持深海科学技术研究和专业人才培养,将深海科学技术列入科学技术发展的优先领域,鼓励与相关产业的合作研究,鼓励单位和个人通过开放科学考察船舶、实验室、陈列室和其他场地、设施,举办讲座和提供咨询等多种方式开展深海科学普及活动。这些政策的实施必将促进相关人才队伍的成长和壮大,吸引更多的年轻人加入深海科学技术研究行业,培育出在国际领域的高层次技术研究人才。

第五,《深海法》对国际海洋立法的发展具有重大促进意义。《深海法》的内容以深海海底区域及其资源是全人类的共同继承财产作为基本原则,与《公约》《执行协定》以及管理局制定的相关规章等国际法律法规进行对应衔接。虽然国际上已有不少国家制定了相关国内立法,但却未必具有公共参照作用。③ 而我国在《深海法》中多次提及国际合作、和平利用、保护人权等原则,这也是《联合国宪章》的基本要求。《海洋法公约》规定,各国对于深海海底区域活动的一般行为,应按照《海洋法公约》第十一部分规定、《联合国宪章》所载原

---

① "引领深海新兴产业发展——《中华人民共和国深海海底区域资源勘探开发法》解读",中国经济网,http://www.ce.cn/xwzx/gnsz/gdxw/201604/07/t20160407_10204603.shtml,最后访问日期:2017年3月19日。

② 卜文瑞:"规范深海海底区域资源勘探开发,推进深海资料样品共享",国家海洋局第一海洋研究所,http://www.fio.org.cn/article/2016/03/20160325104461192121.htm,最后访问日期:2017年5月10日。

③ 项雪平:《中国深海采矿立法探析——以国际海底区域采矿规则的晚近发展为基础》,《法治研究》2014年第11期,第75页。

则,以及其他国际法规则,以利于维持和平与安全,促进国际合作和相互了解。①《深海法》的内容为其他缔约国的后续立法活动起到了良好的表率与示范作用。②

第四节　对中国深海法律体系的问题剖析

我国学者把法律体系概念通常解释为:由一国现行的全部法律规范按照不同的法律部门分类组合而形成的一个呈体系化的有机联系的统一整体。③ 对我国深海法律体系的理解可以从"白纸黑字"静态上理解,也可以从动态的法的运行角度理解。本书主要强调我国深海法律体系静态上的法律规范。对我国深海法律体系应当从以下三个层面理解:① 我国深海法律体系的定位如何;② 我国深海海底区域活动法律由哪些部分构成;③ 这些部分是如何相互联系的。④ 由是观之,我国深海法律体系存在配套立法缺位、系统性欠缺、实用性不足等问题。

一、配套立法缺位

配套立法缺位是目前我国深海法律体系最突出的问题。配套立法是指国务院等有关国家机关根据法律条文的明确规定,为保证该法律的有效实施而对其中不具有操作性的原则性规范或概括性规定予以细化而制定的法规、规章和其他规范性文件。⑤ 综观《深海法》,除了已出台的深海海底区域资源勘探、开发行政许可法律制度,缺位的配套法律制度如下。

---

① 《海洋法公约》第 138 条。

② 吴慧:"千呼万唤始出来,映日荷花别样红——《中华人民共和国深海海底区域资源勘探开发法》是我国履行国际义务及促进国际法发展的重要表现",中国大洋矿产资源研究开发协会网,http://www.comra.org/2016 - 03/21/content_8649472.htm,最后访问日期:2017 年 2 月 20 日。

③ 张文显:《法理学》,高等教育出版社 2003 年版,第 98 页。

④ 〔俄〕拉扎列夫:《法与国家的一般理论》,王哲等译,法律出版社 1999 年版,第 156 页。

⑤ 徐向华、周欣:《我国法律体系形成中法律的配套立法》,《中国法学》2010 年第 4 期,第 158 页。

第一,环境保护制度。环境保护法律制度是《深海法》的重要内容。《深海法》第12条首先规定了承包者在进行深海海底区域资源勘探开发活动中保护海洋环境的一般要求,即承包者应当在合理、可行的范围内,利用可获得的先进技术,采取必要措施,防止、减少、控制勘探开发区域内的活动对海洋环境造成的污染和其他危害。《深海法》还规定了承包者在保护海洋环境中的具体义务,即海洋环境调查、[①]海洋环境监测、[②]海洋环境影响评价[③]和保护海洋生物多样性,[④]以确保承包者按照勘探、开发合同的约定和要求,并按照国务院海洋主管部门的规定,调查研究勘探、开发区域的海洋状况,确定环境基线,评估勘探、开发活动可能对海洋环境的影响;确保承包者制定和执行环境监测方案,监测勘探、开发活动对勘探、开发区域海洋环境的影响,并保证监测设备正常运行,保存原始监测记录;确保承包者从事勘探、开发活动应当采取必要措施,保护和保全稀有或者脆弱的生态系统,以及衰竭、受威胁或者有灭绝危险的物种和其他海洋生物的生存环境,保护海洋生物多样性,维护海洋资源的可持续利用。目前,管理局出台了一系列文件来规范上述活动的进行,[⑤]这些海洋环境保护的内容必须要落实到配套立法中。

第二,监督检查制度。对深海海底区域资源勘探开发活动进行监督检查是我国履行担保国责任、加强对承包者监管、保证其勘探活动符合国际海底活动法律制度的必要手段。根据管理局对承包者定期报告及报告事项的要求,承包者需定期向国务院海洋主管部门报告履行勘探、开发合同的事

---

① 海洋环境调查是指对海洋学现象和海洋环境状况进行观测、测量、采样、分析和数据初步处理的全过程,是借助各种仪器设备直接或间接对能表征其物理学、化学、生物学、地质学、地貌学、气象学及其他海洋学科的特征要素进行观测和研究的科学活动。参见赵淑江、吕宝强、王萍、刘健:《海洋环境学》,海洋出版社2011年版,第335页。
② 海洋环境监测方案是指在设计好的时间和空间内,使用统一的、可比的采样和监测手段,获取海洋环境质量要素和陆源性入海物质资料。参见国家海洋环境监测中心网,http://www.chmem.cn/,最后访问日期:2017年8月7日。
③ 海洋环境影响评价是指对建设项目、海域开发计划及国家政策实施后可能对海洋环境造成的影响进行预测和估计的工作。参见全国科学技术名词审定委员会网,http://www.cnctst.cn/,最后访问日期:2017年8月7日。
④ 生物多样性是指生物及其环境形成的生态复合体以及与此相关的各种生态过程的综合,包括动物、植物、微生物和它们所拥有的基因以及它们与其生存环境形成的复杂的生态系统。参见蒋志刚:《保护生物学》,浙江科学技术出版社1997年版,第35页。
⑤ 例如,管理局出台的三个《勘探规章》以及法技委制定的《关于承包者评估"区域"内海洋矿物勘探活动可能对环境造成的影响的指南》(ISBA/19/LTC/8)。

项,其目的应使国务院海洋主管部门及时掌控承包者开展勘探、开发活动情况和评估承包者履行合同的情况,以便按照《海洋法公约》139 条规定,协助海底管理局确保担保的承包者按照合同规定开展勘探、开发活动。与此同时,根据《海洋法公约》和《勘探规章》的相关规定,管理局可以对承包者用于勘探、开发活动的船舶、设施、设备以及航海日志、记录、数据等进行检查。这些内容比较宏观,需要配套立法对监督检查的主体、客体、内容、形式等进行详细规定。

第三,政策鼓励规定。正如《深海法》立法起草工作领导小组组长陆浩所言,《深海法》的一个重要目的就是推进深海科研水平和勘探、开发能力的提升,促进我国深海事业的健康发展。[①] 为此,《深海法》第 4 条专门规定了国家制定有关深海海底区域资源勘探、开发规划,并采取经济、技术政策和措施,鼓励深海科学技术研究和资源调查,提升资源勘探、开发和海洋环境保护的能力。并且,《深海法》第四章还特别规定了深海科学技术研究与资源调查的方式和内容,包括国家支持深海科学技术研究和专业人才培养,将深海科学技术列入科学技术发展的优先领域,鼓励与相关产业的合作研究;国家支持企业进行深海科学技术研究与技术装备研发;国家支持深海公共平台的建设和运行,建立深海公共平台共享合作机制,为深海科学技术研究、资源调查活动提供专业服务,促进深海科学技术交流、合作及成果共享;国家鼓励单位和个人通过开放科学考察船舶、实验室、陈列室和其他场地、设施,举办讲座或者提供咨询等多种方式,开展深海科学普及活动等。这些需要配套立法将《深海法》中政策鼓励的内容予以落地实施。

配套立法不仅是我国深海法律体系的必要组成部分,而且还是依法行政、公正司法的重要依据。深海海底区域活动配套立法的“难产”主要基于以下原因。

一是“立法宜粗不宜细”理念始终存在。在我国,立法理念上的“宜粗”或“宜细”是个具有争议的学术命题,也是立法者们反复斟酌却较难“拿捏”的现实问题。《深海法》是第一部规范我国深海海底区域活动的法律,用“宜粗不宜

---

① 陆浩:“关于《中华人民共和国深海海底区域资源勘探开发法(草案)》的说明”,中国人大网,http://www.npc.gov.cn/npc/lfzt/rlyw/2015 - 11/09/content_1950725.htm,最后访问日期:2017 年 5 月 22 日。

细"的理念指导《深海法》的制定有一定的道理。但是,我国进行深海海底区域活动时间已将近 30 年,深海海底区域实践积累也较为丰富,在以让国家经济、政治、文化、社会生活的各个方面基本做到有法可依为目标的法律体系形成的新阶段中,始终坚持"宜粗不宜细"显然不妥。[①]

二是缺失全程化的配套立法衔接机制。首先,《深海法》立法规划和计划编制阶段缺少配套立法的衔接机制。全国人大常委会在编制立法规划和工作计划时,并不要求国务院以及有关部门在提出立法项目之时就是否需要以及何时出台配套规定提出意见,以致《深海法》配套立法的"发包方"和指定"承接方"之间存在脱节现象。

三是利益博弈的掣肘。深海海底区域活动涉及深海矿产资源调查勘探开发、海上航行、海洋环境保护等多方面内容,相应地,深海海底区域活动也涉及不同政府机关的职能。毋庸讳言,在《深海法》制定、征求意见时,就已经出现了不同政府部门利益博弈的情形,而深海海底区域配套法律也出现了不同部门利益牵制,以致在一些重大问题上难以达成共识。

二、系统性欠缺

法律体系的系统性是法律体系的题中应有之意,法律体系应被看作是相互联系的法律之间错综复杂的网络。[②] 法律体系应当在内容上不仅要符合社会经济制度的本质,成为人们民族文化、世界文化和生活方式的反映,还要成为人们行为和活动的全能调节体。[③] 因此,深海法律体系从形式上应合理组织。一方面,内部结构要协调一致,以免由于内在矛盾而推翻自己。另一方面,深海法律体系也要在我国整个中国特色社会主义法律体系中处于正确的位置,与其他相关法律体系形成有机整体。

由于我国深海海底区域活动配套法律严重缺位,其内部结构还不能形成一个较为完整的整体。而从外部关系来说,从空间上看,我国的法律体系包括

---

① 徐向华、周欣:《我国法律体系形成中法律的配套立法》,《中国法学》2010 年第 4 期,第 167 页。

② [英]约瑟夫·拉兹:《法律体系的概念》,吴玉章译,中国法制出版社 2003 年版,第 219 页。

③ 钱大军、马新福:《法律体系的重释——兼对我国既有法律体系理论的初步反思》,《吉林大学社会科学学报》2007 年第 2 期,第 78 页。

两部分：一是陆法体系，二是海法体系。① 从广义上讲，我国深海法律体系包含在海法体系中，是我国深海法律体系中特殊的一部分，因为我国深海法律体系主要是规范我国主体在我国管辖范围以外的深海海底区域，这种特殊性决定了我国深海法律体系与我国海法体系、陆法体系既相互独立，又彼此联系。由于深海法律体系、海法体系、陆法体系三者分别适用于不同空间，三者在一定程度上具有独立性，不可混为一谈，更不能强求一致。例如中国交通肇事罪的定罪量刑标准主要以陆上交通肇事为参照，若将其标准直接适用于海上，则显然过于严苛。此外，由于海洋与陆地紧密衔接，人类行为又在许多情形下贯穿三者，部分法律原理仍然相通，故也应承认深海法律体系与海法体系、陆法体系彼此联系，不能将三者简单割裂。

三、实用性不足

确定一个法律体系存在与否的一个重要的标准就是法律体系能否实际满足某一地域的社会生活的法律需求，即法律体系是否具有实用性。② 深海法律体系应当是能系统存在和运行的法律整体，而不是只存在于理想、观念状态中的法律整体。如果法律体系只是一种单纯的规范状态，或者观念层次上的法律体系，只是一种在法律规范的矛盾与冲突中存在的思想体系，则并不能对社会发生实际的效用，从根本上讲，它也就不是一种真正能够协调统一的法律体系。由于我国深海法律体系配套立法严重缺位，加之我国深海海底区域活动目前活动主体较少，整套法律体系的实用性不足，亟待出台落实《深海法》具体制度的法律法规以加强其实用性。

---

① 海法体系是指由各种涉海法律规范相互协调与衔接而组成的结构完整、内容广泛、层次分明的法律体系。参见汤喆峰、司玉琢：《论中国海法体系及其建构》，《中国海商法研究》2013 年第 3 期，第 6—7 页。

② 钱大军、马新福：《法律体系的重释——兼对我国既有法律体系理论的初步反思》，《吉林大学社会科学学报》2007 年第 2 期，第 78 页。

第五章 构建中国深海法律体系的理论基础

深海海底区域活动发生在我国管辖范围以外的区域,与我国传统的以属地管辖为基础的法律不同,深海法律规制的地域范围是我国主权管辖范围之外的深海大洋。因此,我国深海法律体系既是我国特色社会以法律体系的组成部分,又具有显著的特殊性。本章将就构建我国深海法律体系的必要性、原则、思路、路径等理论问题进行分析。

第一节 构建中国深海法律体系的必要性

构建我国深海法律体系的必要性基于以下三个方面:管控深海海底区域活动,提升深海科学技术水平;履行担保国责任,维护我国负责任大国形象;明确海洋主管部门职权,理顺深海管理体制。

一、管控深海海底区域活动,提升深海科学技术水平

深海海底区域活动具有国际性、整体性、前瞻性。[1] 首先,深海海底区域资源勘探、开发活动的对象与客体位于国家管辖海域之外,针对这些对象或者客体的活动须遵循以"人类共同继承财产"原则为基础的国际海底制度,服从国际海底管理机构的管理。其次,从整体上看,深海海底区域活动按其阶段的先后可划分为资源调查、勘探、开发。前一阶段的活动是为后一阶段的工作做准备,构成深海海底区域活动的持续性、系统性。其中,资源调查不受国际公约

---

[1]　See Jiancai JIN and Guobin ZHANG, The Forthcoming Breakthrough: China's Legislation on Activities in the Deep Seabed Area, International Marine Economy Law and Policy, Brill, 2017, p. 112.

的限制,不是《深海法》规范限制的活动,而是勘探、开发必要的准备活动。此外,深海海底区域资源勘探、开发活动过程涉及对海洋环境和生物多样性的保护、国际法律与事务、海底与地球科学前沿领域、新技术装备研发与试验、深海产业培育与发展以及对其他合法行使海洋权利的影响等诸多事务。最后,从前瞻性看,深海海底区域资源勘探、开发活动发展空间巨大,涉及人类对海底新认识、资源新发现、装备新发展以及深海战略性新兴产业的形成与发展,并影响深海海底制度的发展及海洋新秩序的建立与完善,故需要我们提前对此作出判断,并采取应对措施。[①]

随着人类对深海海底区域资源认识的不断提高和深海科技、装备水平的提升,人类对深海海底区域资源勘探、开发活动的兴趣与日俱增,进入深海领域活动的主体逐渐增多,商业主体从事深海海底区域资源勘探、开发活动的趋势日益明显。我国在中国大洋协会获得深海海底区域三块勘探合同矿区之后,中国五矿集团公司又成功获批深海海底勘探合同矿区。这与我国综合国力的稳步提升和"走出去"战略的加大实施相匹配。随着深海海底区域资源商业开发时机的到来,我国将会有更多主体以不同形式参与深海海底区域资源勘探、开发活动和相关的环境保护、科学技术研究和资源调查等活动,亟须国家出台相关法律对深海海底区域资源勘探开发及相关活动进行规范管理,包括明确深海海底区域资源勘探、开发主体的法律资格、准入条件,以及对我国相关主体与国际海底管理局签订合同成为承包者后的勘探开发活动进行有效管控。

深海科学技术研究和资源调查是开展深海海底区域资源勘探、开发活动的基础和前提,是深海海底区域活动主体取得资源专属勘探、开发权的基础,也是提高对深海海底认知能力、有效保护海洋环境的基础性工作。推进深海科学技术研究至关重要,没有坚实的科学基础和先进的技术装备能力,就难以可持续利用深海资源和真正保护海洋环境,也难以履行应尽的国际法律义务,实现人类的目标与愿望。

我国从 20 世纪 70 年代末起,积极推进深海科学考察和科学技术研究,为

---

① See Jiancai JIN and Guobin ZHANG, The Forthcoming Breakthrough: China's Legislation on Activities in the Deep Seabed Area, International Marine Economy Law and Policy, Brill, 2017, pp. 112 - 113.

1991 年在联合国登记成为深海海底区域活动先驱投资者奠定了基础。1990 年,国务院批准成立中国大洋矿产资源开发协会,并按照"持续开展深海勘查、大力发展深海技术、适时建立深海产业"的工作方针,在深海海底区域资源调查与科学技术发展方面取得了积极进展,为我国全面走向深海奠定了坚实的基础。但从历史发展角度,我国对深海的科学认知水平与能力仍处在起步阶段,与西方发达国家相比,我国在深海基础科学研究、技术装备发展和资源调查的效率与效益仍存在着较大的差距。推进深海科学技术研究、资源调查是我国作为深海活动大国,提升深海海底资源勘探、开发和海洋环境保护能力的基础,也是实施海洋强国战略,提升我国海洋整体科学技术水平的重要步骤。[1]

推进深海科学技术研究也为国际法所重视。《海洋法公约》规定,国际海底管理局应促进和鼓励在"区域"内进行海洋科学研究,并应协调和传播海洋科学研究成果。缔约国可在深海海底区域内进行海洋科学研究,并以适当方式促进深海海底区域内海洋科学研究方面的国际合作。[2]

二、履行担保国责任,维护我国负责任大国形象

深海海底区域资源勘探、开发及相关活动的正常进行有赖于相关法律制度规范。我国在深海海底区域资源勘探和开发研究方面经过多年努力与积累已经形成实质性的利益,我国经济社会发展和海洋强国战略亟须深海立法保驾护航。然而,与此不相适应的是我国深海活动相关立法较为滞后,在《深海法》颁布实施前,规范深海海底区域活动的法律法规长期缺位,这对于维护我国在深海海底区域的权益非常不利,也制约了我国在有关国际组织发挥更大的作用。

国际法上的权利、义务需要我国制定相应的国内法加以落实和具体化。作为《海洋法公约》的缔约国,我国在保障我国公民、法人或者其他组织行使深海海底区域资源调查、勘探、开发和相关活动的相应权利,特别是保障承包者

---

[1] 陆浩:"关于《中华人民共和国深海海底区域资源勘探开发法(草案)》的说明",中国人大网,http://www.npc.gov.cn/npc/lfzt/rlyw/2015 - 11/09/content_1950725.htm,最后访问日期:2017 年 5 月 22 日。

[2] 《海洋法公约》第 134 条。

合法权益的同时,也应履行相应的国际义务,管控好深海海底区域资源勘探、开发活动。《海洋法公约》要求缔约国确保其国有企业或具有其国籍,或者由其本身或其国民有效控制的自然人或者法人依照《海洋法公约》开展"区域"内活动,并对此活动提供担保。担保国对承包者因没有履行《海洋法公约》规定的义务而造成的损害负有赔偿责任,但如果担保国已经制定法律和规章,并采取行政措施有效管控其担保的承包者在"区域"内的活动,则担保国应无损害赔偿责任。① 我国是从事深海海底区域资源勘探、开发研究活动的主要国家之一,通过国家立法有效管控我国担保的承包者在深海海底区域的资源勘探、开发活动和与此相关的环境保护等活动,既是我国行使主权国家的应有权利,履行国际义务,也做到履行国际义务与免除国家赔偿责任相一致。立法有利于对深海海底区域资源勘探、开发活动的合理管控,促进其向科学、合理、安全和有序的方面发展。与此同时,我国的深海科学技术研究水平和深海资源勘探、开发能力建设与发达国家相比,仍存在较大差距,立法有利于推进深海科学技术研究水平和提升深海海底区域资源勘探、开发及环境保护的能力,促进我国深海事业的健康发展。深海立法既是我国深海创新实践的法治体现,也为我国深海事业的健康发展奠定了坚实的法律基础。我国作为《海洋法公约》缔约国和"区域"活动的担保国,有必要制定相关法律。

截至目前,从事深海海底区域资源勘探、开发活动的主要发达国家和部分发展中国家已经制定或者正在制定深海海底区域资源勘探、开发的相关法律。从这些国家立法的情况和我国在深海活动取得的进展来看,我国相对滞后。一是反映在时间上,与最早立法的美国相比,晚了 30 多年;二是从已经立法的国家数量和类型上看,在我国《深海法》制定之前,已经有 14 个国家制定了相关法律,分别是:美国《深海海底硬矿物资源法》(1980 年)、法国《海底资源勘探和开发法》(1980 年)、英国《深海采矿法(临时条款)》(1981 年)、日本《深海海底采矿暂行措施》(1982 年)、苏联《苏联关于调整苏联企业勘探和开发矿物资源的暂行措施的法令》(1982 年)、澳大利亚《联邦离岸资源法》(1994 年)、俄罗斯《联邦大陆架法》(1995 年)、俄罗斯《联邦专属经济区法》(1998 年)、捷克《国家管辖外海洋矿产资源勘查、勘探和开发法》(2000 年)、库克群岛《海底矿

---

① Responsibilities and Obligations of States Sponsoring Persons and Entities with Respect to Activities in the Area, Advisory Opinion of 1 February 2011, para. 25 - 35.

产资源法》(2009 年)、德国《海底开采法》(2010 年)、斐济《国际海底资源管理法》(2013 年)、英国《深海采矿法》(2014 年)、汤加《海底矿产资源法》(2014 年)、比利时《深海海底区域资源调查勘探和开发法》(2014 年)、新加坡《深海海底开采法》(2015 年)。此外,新西兰于 1964 年制定了《大陆架法》,对深海海底资源勘探开发行为做出了规范。在上述这些国家的立法中,英国 2014 年的《深海采矿法》对 1981 年制定的《深海采矿法(临时条款)》进行了修改,以达成与《海洋法公约》的要求相一致。韩国、印度等国也先于我国启动立法工作。这些国家大多是当今世界发达国家和海洋强国,或者是高度重视海洋、重视深海资源利用和海洋环境保护的国家。①

三、明确职权,理顺深海管理体制

长期以来,我国管辖海域的管理体制是一种"条条"与"块块"相结合的模式,涉海部门较多且各自进行管理和执法活动。改革开放以来,我国的海域管理体制经历了重大的发展和变革。1988 年,国务院明确了国家海洋局作为海洋综合管理部门的地位,从而拉开了海域综合管理的帷幕。② 随着现代海洋法的发展趋势和我国法律体系的不断完善,我国政府对海洋整体性认识不断提高,海洋管理立法工作全面推进。具体体现在:在海域使用管理方面,相继建立了海域使用审批、有偿使用、功能区划等制度;在海洋环境管理方面,建立和完善了海洋环境监测系统;在海上监管方面,加大了海上执法和处罚力度。深海海底区域位于我国和其他国家管辖范围以外海域,尽管资源勘探、开发及相关活动涉及多个领域和多个部门,但各领域之间关系密切,系统性和整体性强,需要统筹协调,形成合力。

《深海法》第六条规定:"国务院海洋主管部门负责对深海海底区域资源勘探、开发和资源调查活动的监督管理,国务院其他有关部门按照国务院规定的职责负责相关管理工作"的表述确立了我国对深海海底区域活动实行"归口管理、分工负责"的管理体制。根据《深海法》立法时国务院的机构职能与设置,

---

① 张梓太、沈灏、张闻昭:《深海海底资源勘探开发法研究》,复旦大学出版社 2015 年版,第 187 页。
② 薛桂芳、于海涛:《论我国地方海洋行政管理体制的优化》,《海洋环境科学》2016 年第 3 期,第 438 页。

国务院海洋主管部门应为当时的国家海洋局。国务院其他有关部门是指根据《深海法》所涉事项需要负责相关管理工作的政府部门。因此,我国深海法律体系需要落实《深海法》第6条规定,落实海洋主管部门、其他有关部门职权规定,理顺深海管理体制。《深海法》赋予的责任和使命,国家科技、财政制度改革的新要求,以及国际形势的新发展都要求中国大洋协会(中国大洋事务管理局)主动作为,创新体制机制,理顺政府职能、社会公益和市场主体三者之间的关系,构建与国内外形势发展相适应的大洋体制机制,切实提高我国面对新形势、应对新挑战的能力。①

第二节　构建中国深海法律体系的原则

《深海法》规定了深海海底区域资源勘探、开发活动应当遵循的原则,在此基础上,构建我国深海法律体系应当遵循管控优先、推进能力、保护环境、可持续发展、维护人类共同利益五大原则。②

一、管控优先原则

《深海法》将规范深海海底区域资源勘探、开发活动列为立法的首要目的,体现了规范深海海底区域资源勘探、开发活动是《深海法》的核心规范内容。管控优先原则就是要对勘探、开发申请者申请许可的程序,勘探、开发活动主体承包者的权利和义务,勘探、开发活动期间发生或者可能发生严重损害海洋环境等事故时的应急处置等问题作出更为明确、细化的规定。除此之外,应对国务院海洋主管部门监督管理承包者的活动,对与勘探、开发活动相关的海洋环境保护,科学技术研究与资源调查活动的规范管理等活动也应该作出具体规定。深海法律体系从宏观上需从对勘探、开发活动本身进行事前审查、事中

---

① 刘峰:《中国大洋事业发展的里程碑——关于〈深海海底区域资源勘探开发法〉的思考》,《中国海洋报》2016年3月8日,第A2版。

② 《深海法》第1条规定:为了规范深海海底区域资源勘探、开发活动,推进深海科学技术研究、资源调查,保护海洋环境,促进深海海底区域资源可持续利用,维护人类共同利益,制定《深海法》。《深海法》第3条规定:深海海底区域资源勘探、开发活动应当坚持和平利用、合作共享、保护环境、维护人类共同利益的原则。国家保护从事深海海底区域资源勘探、开发和资源调查活动的中华人民共和国公民、法人或者其他组织的正当权益。

监管、事后追责的全过程管控,以及规范管理与勘探开发活动相关的环境保护、科学技术研究与资源调查。

二、推进能力原则

深海法律体系应当将推进深海科学技术研究、资源调查贯穿整个法律体系,并落实《深海法》的相关规定,包括制定规划,采取经济、技术政策和措施,鼓励深海科学技术研究和资源调查;支持深海科学技术研究和专业人才培养,将深海科学技术列入科学技术发展的优先领域,鼓励与相关产业进行合作研究;支持深海公共平台的建设和运行,鼓励开展深海科学普及工作;规范管理深海活动取得的资料、实物样本等。

三、保护环境原则

海洋是自然生态系统的重要组成部分,也是整体环境保护工作的组成部分,加强对海洋环境的保护应是我国政府常抓不懈的任务,通过立法保护海洋环境也是我国政府的一贯做法。[1] 我国《环境保护法》规定:国务院和沿海地方各级人民政府应当加强对海洋环境的保护。向海洋排放污染物、倾倒废弃物,进行海岸工程和海洋工程建设,应当符合法律法规的规定和有关标准,以防止和减少对海洋环境的污染损害。[2] 考虑到我国海洋环境保护工作的特殊性,我国还专门制定了海洋环境保护领域的专门法律——《海洋环境保护法》。在海洋环境保护领域,我国制定的法律法规包括:《海洋倾废管理条例》《防治海洋工程建设项目污染损害海洋环境管理条例》《防治海岸工程建设项目污染损害海洋环境管理条例》《防治船舶污染海洋环境管理条例》等。

保护海洋环境也是《海洋法公约》的基本原则之一,《海洋法公约》第十二部分明确规定了缔约国有保护和保全海洋环境的义务。《海洋法公约》明确指出:各国应制定法律和规章,以防止、减少和控制由悬挂其旗帜或在其国内登记或在其权力下经营的船只、设施、结构和其他装置所进行的深海海底区域内

---

[1] "提高深海环境保护意识",全国人民代表大会网,http://www.npc.gov.cn/npc/zgrdzz/2015 - 12/17/content_1954910.htm,最后访问日期:2017 年 2 月 23 日。
[2] 《海洋环境保护法》第 34 条。

活动造成对海洋环境的污染。作为《海洋法公约》的缔约国,一方面,我国有权利依照《海洋法公约》开展深海科学技术研究、资源调查,海洋利用与开发活动;另一方面,也有义务在深海海底区域资源勘探、开发等方面与《海洋法公约》所要求的责任相一致,重视保护深海海洋环境。因此,《深海法》将环境保护制度作为《深海法》制度建设的重要组成部分,并列为《深海法》的重要立法目的之一,并在第 3 条立法原则中重申了保护环境,并在第三章以专章形式对环境保护作了具体规定,在第六章明确了针对造成海洋环境污染损害的法律责任。从对立法目的与原则的体现、规范管理与勘探开发活动相关的环境保护活动,到相关责任的追究,都进一步体现了《深海法》坚决保护海洋环境的重要立法思想。

综观各国有关的环境保护的规定,以下几种环境保护措施可为我国所借鉴:环境影响评价制度、环境应急管理制度、缔约国担保制度、安全保障制度、执法监督制度等。[①]

四、可持续发展原则

国内外历史发展表明,资源是一个历史范畴。在以传统农业为主的社会经济发展阶段,资源并未成为经济增长的瓶颈,资源问题也未显露出来,但在以工业化和后工业化为主的社会经济发展阶段,人口剧增、发展的渴望、科技现代化等强大的驱动力,导致人类对资源的利用达到空前的程度。[②] 资源短缺等一系列问题以及由此引发的环境问题接踵而来。资源科学是一门研究资源的形成、演化、质量特征及其与人类和社会发展之相互关系的科学。其目的是为了合理开发、利用、保护和管理资源,协调资源与人口经济和环境之间的关系,促使其向有利于人类生存与发展的方向演进。要实现资源可持续利用,就要建立一套保证资源可持续利用的法律和法规体系。

可持续发展是指既满足当代人的需求,又不损害后代人需求的发展。其根本目的在于将经济、社会发展与资源合理利用和环境保护相协调,它们是一个密不可分的系统,既要达到发展经济的目的,又要保护好人类赖以生存的大

---

① 张梓太、沈灏、张闻昭:《深海海底资源勘探开发法研究》,复旦大学出版社 2015 年版,第 230—234 页。

② 吕文生、杨鹏:《矿产资源法基础》,化学工业出版社 2009 年版,第 3 页。

气、淡水、海洋、土地和森林等自然生态系统,使子孙后代能够永续发展和安居乐业。[①] 可持续发展的核心概念是公平和发展,强调发展要受到公平的制约。公平包括代内公平与代际公平。代内公平主要指代内的所有人,无论其国籍、种族、性别、经济发展水平和文化等方面的差异,对于利用公共自然资源与享受清洁、良好的环境均有平等的权利。代内公平是同代人之间的横向公平,是可持续发展原则在空间维度的要求。代际公平是指当代人和后代人在利用自然资源、满足自身利益、谋求生存与发展上权利均等,即当代人必须留给后代人生存和发展必要的自然资源。

在陆地资源日益枯竭的情况下,深海海底区域资源是人类在地球上尚未开发的最后资源,人类利用深海海底区域资源是未来的发展趋势。我国是国际海底管理局理事会的主要成员,也是深海活动的大国,在深海海底区域资源的勘探和开发研究方面开展了大量有益的工作,取得了显著成绩。深海海底区域资源丰富,对全人类意义重大,在深海海底区域资源利用方面,任何国家都不能抱着"跑马圈地抢资源"的心态,以破坏环境为代价搞"蓝色圈地运动"。《深海法》将促进深海海底区域资源可持续利用作为立法目的之一,表明我国将实现全人类的永续发展作为主动承担的国际责任,体现了我国作为发展中大国的担当。

五、维护人类共同利益原则

"人类共同利益"是指将整个人类作为一个利益主体,所有人类活动应为人类整体谋求福利。维护与追求全人类共同利益已经不再是某一国或者某几国可以独立完成的事项,它需要国际社会的共同努力。人类共同利益既不是某个单一国家的利益,也不是国际社会中各国利益的简单相加。[②] 关于人类社会的利益可能高于各国利益之和的信念已得到越来越广泛的传播。有很多问题,例如,外层空间和海洋的和平利用、臭氧层的保护、生态的保护、非殖民化、落后国家的发展等,如果离开了"全人类共同利益"这个概念是无法得到正确的理解和解决。关注国际社会的整体利益,为了全人类的共同未来携手进行

---

① 1987 年,世界环境与发展委员会在出版的《我们共同的未来》一书中将"可持续发展"定义为:"既能满足当代人的需要,又不对后代人满足其需要的能力构成危害的发展。"

② 高岚君:《全人类共同利益与国际法》,《河北法学》2009 年第 1 期,第 23 页。

国际合作、协调乃至必要的让步或牺牲自身的一定利益,是处理当今和未来国际关系必须予以考虑的因素,因为这样可能更有利于实现各国的根本利益。

党的十八大报告提出:"这个世界,各国相互联系、相互依存的程度空前加深,人类生活在同一个地球村里,生活在历史和现实交汇的同一个时空里,越来越成为你中有我、我中有你的命运共同体。"2013 年 3 月,中国国家主席习近平在莫斯科国际关系学院发表演讲,第一次向世界传递中国对人类文明走向的判断。此后,中国一直致力于对人类共同利益的关注和坚持。近年来,习近平总书记在一系列国际场合中提出的建设人类命运共同体的重要倡议,向国际社会提供了一份思考人类发展的"中国方略",已成为引领中国对外发展的一面重要旗帜。中国也正在为这一构想的实施做出许多富有成效的努力。

地球是人类共同的家园,海洋是人类共同的财富。古罗马的《优士丁尼法典》将海洋视为"大家共有之物",认为海洋应属于全人类共同使用,任何特定的个人和国家都不能占有海洋。较之古罗马时期,当今国际海洋法律制度已经发生了很大变化,在沿海国家主权和主权管辖的海域范围与制度已基本确定的情况下,在海洋中仍然存在着面积 2 亿多平方公里的国际海域。国际海域是指国家管辖范围以外的公海和深海海底区域(以下简称"区域")。公海适用公海自由制度,包括航行自由、飞越自由、铺设海底电缆和管道的自由、建造国际法所容许的人工岛屿和其他设施的自由、捕鱼自由和科学研究的自由。各国在行使公海自由时,须适当顾及其他国家行使公海自由的利益,并适当顾及"区域"内活动有关的权利。"区域"适用人类共同继承财产原则,任何国家不应对"区域"的任何部分或其资源主张或行使主权或主权权利,对"区域"内资源的一切权利属于全人类,由国际海底管理局代表全人类行使。可见,国际海域利用的两个基本原则有其共同性,它们都平等适用于世界各国,无论沿海国还是内陆国,真正做到国之有份。但是,深海海底区域资源勘探、开发还涉及国际社会对人类共同继承财产的惠益共享,公海自由原则并不涉及这一点。

我国一贯坚持和维护"区域"及其资源是人类共同继承财产原则,支持国际海底管理局履行管理"区域"资源的职能,特别顾及发展中国家利益,保护海洋环境,公平分配与分享深海海底区域资源开发利益。[①] 除了在深海海底区域

---

① 颜敏:《为人类命运共同体的发展做出新贡献——写在〈中华人民共和国深海海底区域资源勘探开发法〉颁布之初》,《中国海洋报》2016 年 3 月 21 日,第 A2 版。

资源管理上维护人类共同利益之外,我国还强调在其他方面维护人类共同利益,例如,深海科学研究的全球共享、平衡内陆国、小岛国、发展中国家方面的利益需求等。为此,《深海法》将维护人类共同利益作为《深海法》的立法目的之一,它涵盖了人类共同继承财产的基本精神,但其范围比人类共同继承财产原则更加广泛。

第三节　构建中国深海法律体系的思路与路径

我国深海法律体系涉及部门多、领域广、专业性强,而深海立法还处于起步阶段,在构建我国深海法律体系过程中,需要考察国际国内两个维度、国内不同政府部门的职能作用、深海科技对法律制定的支撑作用等众多问题,这些问题的考虑将为我国构建深海法律体系的思路与路径提供重要的指引作用。

一、构建中国深海法律体系的思路

构建我国深海法律体系,需要科学、合理的思路,结合现实需求和相关国际法发展现状。具体来说,构建我国深海法律体系需要坚持现实性与前瞻性相结合、稳定性与开发性相结合、科技与法律相结合的理念。

（一）现实性与前瞻性相结合

一方面,构建深海法律体系需要结合我国的深海实践基础、深海战略规划与深海法律基础。中国大洋协会成立以来,我国积累了丰富的深海实践基础。在党和政府的高度重视下,中国大洋人不畏艰辛,勇于探索,国内各领域、各专业优势力量充分参与深海海底区域工作,并取得了积极进展。战略布局基本形成,资源调查全面展开,深海科技实现突破,国际事务深度介入,活动主体趋向多元,深海工作由单一的多金属结核专项管理逐步向国际海域事务管理转型。深海海底区域工作已显示出长远的战略意义:维护了我国在国际海域应有的权益;增加了我国战略资源储备;拓展了国家发展空间;促进了深海技术的发展;提高了对深海的认知水平;提升了我国国际影响力和话语权。为我国全面走向深海大洋,实现海洋强国战略奠定了坚实基础。

长期以来,我国高度重视深海战略规划的制定。我国在深海海底区域资源调查和勘探、开发研究活动的实践和进展表明,国家制定相关战略和宏观政策对提升我国深海活动能力至关重要。从国家"七五"规划开始,国务院相关职能部门围绕确定的相关政策、方针和战略,将规划深海海底区域的研究开发活动作为一项重要工作常抓不懈。进入"十三五"以来,围绕海洋强国建设和"一带一路"倡议的战略思想,国家海洋局等部门联合印发了《深海海底区域资源勘探开发"十三五"规划》,国务院相关部门相继印发了有关海洋领域、资源领域科技创新"十三五"规划等。这些《规划》在统筹国家相关行业与领域的科技力量、持续开展深海资源与环境调查评价、推动深海技术装备发展、培育深海产业等方面已经发挥,并必将继续发挥重要作用。

我国已经积累了一定的深海法律基础。目前,深海法律体系中的核心——《深海法》已经实施,而相应的规范性文件也出台了一部分,例如,《深海海底区域资源勘探开发许可管理办法》《载人潜水器潜航学员选拔要求(医学部分)》和《载人潜水器潜航学员培训大纲》等。与此同时,虽然深海法律体系规范的是深海海底区域,但是这并不意味着规范我国主权范围内的法律法规不再适用,还应考虑到一些法律的域外效力。例如,我国企业在进行深海海底区域活动中依然要遵守我国的《劳动安全法》《国家安全法》等法律。因此,构建我国深海法律体系,应注意与我国相关的国内法主动对接,有机融入我国统一的法律体系中。

另一方面,构建深海法律体系需要充分考虑深海国际规则的前瞻性。深海法律体系的核心内容来源于深海国际规则。从深海资源被发现、国际社会对《海洋法公约》的集体协商,再到如今对深海海底区域开发规章的研讨,在短短的几十年内,深海国际规则的形成与发展经历了一系列的嬗变历程。特别是从 2015 年开始,国际社会启动了对国际海底区域相关制度及实施情况的定期审查机制,国际海底区域的法律制度、操作规则及执行机构迎来了一次全面的审查与调试。① 与此同时,在国际海底区域资源由勘探转向开发的背景下,国际海底管理局正在加紧组织制定国际海底区域开发的综合性规章,内容涵盖采矿专业的申请及批准流程、勘探、开采过程中环境保护的具体要求及缴费

---

① Decision of the Assembly Regarding the First Periodic Review of the International Regime of the Area Pursuant to Article 154 of the United Nations Convention on the Law of the Sea, ISBA/21/A/9/Rev.1.

机制和收益分析制度等关键性问题的确认,这标志着国际海底规则的重大调整和变革。① 毋庸讳言,对于拥有最多矿区和最多矿物资源种类的我国而言,由于面临法律的不确定性和具体规则的趋于严苛的现实走向,将使我国参与高风险、高投入的深海资源开采的产业面临更多的挑战。因此,我国的深海法律体系必须要充分考虑深海国际规则的前瞻性,为我国维护深海海底区域利益预留充分的空间。

(二)稳定性与开放性相结合

一方面,深海法律体系应当是稳定的。法律稳定性体现在法律内容和法律形式两个方面。首先,是法律内容的稳定性。在一定时空范围内,法律权利义务保持不变,法律具有内容稳定性。法律权利义务是法律的主干,是规范人们行为的规则。因此,在一定意义上说,法律的本质只有靠权利义务来体现,没有权利义务,法律本质便成了虚无缥缈的东西。其次,是法律形式的稳定性。法律形式与法律内容相对应,是法律权利义务的表现方式。它以法律内容为依托,并相对独立于法律内容,而法律形式不变,从这个意义上说,法律具有稳定性。② 深海法律体系具有稳定性,有利于维护深海法律规范的权威性,保证深海活动发展秩序井然。

另一方面,深海实践活动发展迅速,相关装备、技术、环境标准更新较快,这要求配套法规体系保持开放,与深海实践、国际规则发展相适应。目前,关于深海国际规则制定的普遍做法就是在保证法律文件基本的稳定性基础上加强其开放性。例如,管理局讨论制定中的开发规章,主体部分是比较通用的内容,为国际社会所接受。但是开发规章却包含了内容庞大的附件部分,这些附件是国际社会博弈的重点,具有较强的灵活性,可以较为方便的更新内容。因此,我国的深海法律体系应当借鉴这种形式,以目录、规程、指南等附件形式保障我国深海法律体系与时俱进。

(三)科技与法律相结合

深海是科技的前沿,深海地球科学研究在揭示全球气候变化影响和人类

---

① Work plan for the formulation of regulations for the exploitation of polymetallic nodules in the Area. Report of the Secretary-General, ISBA/18/C/4.

② 钱大军、马新福:《法律体系的重释——兼对我国既有法律体系理论的初步反思》,《吉林大学社会科学学报》2007年第2期,第78页。

生命活动现象等重大问题上正孕育着新的理论突破。深海高技术装备正在支撑培育与发展海洋战略性新兴产业,并日益成为海洋强国的标志性要素。深海装备技术代表了海洋技术的最前沿和制高点,是国家综合科技实力的集中体现和象征,也是国家海洋资源开发整体能力的综合体现。① 着眼深海战略新兴产业发展的前沿和制高点,带动、辐射和提升海洋资源开发能力是海洋强国建设的重要内容。

我国深海自然科学技术与深海法律制度的互动较少,这一方面表现在我国深海领域的科学家、工程师对深海国际规则、深海法律制度知之较少,无法发挥我国深海科学技术、装备优势,以深海科学技术为基础,引领国际规则的制定;另一方面,我国深海规则、法律人才又对深海自然科学、技术接触较少,不能在真正理解深海实践的基础上制定深海法律法规。因此,在构建我国深海法律体系过程中,应特别重视深海科技与法律的互动与共进。

二、构建中国深海法律体系的路径

构建我国深海法律体系不能一蹴而就,应循序渐进,按照轻重缓急的原则统筹安排。首先,需要我国海洋主管部门主动占位、统筹驾驭。我国的深海事业近年来取得了显著进步,也引起了越来越多的政府部门或实体机构的关注,加之深海活动涉及多个方面,相关职能部门介入深海海底区域活动管理应是海洋主管部门需严肃对待与思考的情况。例如,科技部涉及促进深海科技发展、教育部涉及深海人才培养等。《深海法》明确赋予了国务院海洋主管部门深海活动管理者的地位,这既是国务院海洋主管部门的法律保障,更是权力来源。② 尽早构建《深海法》体系、出台具体配套制度既是国务院海洋主管部门履行职权的体现,也有利于国务院海洋主管部门核心地位的巩固。

在构建配套法规体系的过程中,国务院海洋主管部门应时刻保持"以我为主"的核心意识,不仅需要制定职权范围内的配套法规,还应依据《深海法》联合相关政府部门,共同构建配套法规体系。在这一过程中,国务院海洋主管部

---

① 高艳波、李慧青、柴玉萍、麻常雷:《深海高技术发展现状及趋势》,《海洋技术》2010年第3期,第119页。

② 《深海法》第5条规定:国务院海洋主管部门负责对深海海底区域资源勘探、开发和资源调查活动的监督管理。国务院其他有关部门按照国务院规定的职责负责相关管理工作。

门应当占据主导地位,运筹帷幄。具体来讲,对于《深海法》中促进深海科技发展、人才培养、企业鼓励、深海公共平台等规定,应依据《深海法》第 5 条确立的管理体制,国务院海洋主管部门应积极主动联合其他职能部门,促进出台指导意见,将相关政府部门的管理职能统一并纳入以《深海法》为基石的法规体系中,避免造成各自为政的局面。

其次,其他有关部门依法负责相关管理工作。国务院其他有关部门按照国务院规定的职责负责相关的管理工作,其中包括深海海底区域资源勘探、开发活动的外交政策与国际事务;深海海底区域资源勘探、开发和资源调查者合法权益的保护;促进深海科学技术发展的政策与措施;装备发展;海洋环境保护工作;海上突发事件应对;维护海上安全。

中华人民共和国外交部(简称外交部)主要职能为贯彻执行国家总体外交方针和国家外交政策,维护国家最高利益,代表国家处理双边和多边外交事务。[1] 深海资源勘探、开发活动在国际海域的进行,离不开外交部职能的发挥。例如,外交部应牵头参加国际海底管理局会议,维护我国在深海活动方面的国家利益;就深海海底区域资源勘探、开发活动中的重大涉外问题,负责与有关单位协调,向党中央、国务院报告情况、提出建议;牵头或参与拟订国际深海事务相关政策,指导协调深海对外工作;处理和协调关系深海国家安全问题的有关涉外事宜等。

中华人民共和国国家发展和改革委员会(简称国家发改委)是综合研究制定经济和社会发展政策,进行总量平衡,指导总体经济体制改革的宏观调控部门。国家发改委的重要职能之一为承担规划重大建设项目和生产力布局的责任,衔接平衡需要,安排中央政府投资和涉及重大建设项目的专项规划。[2] 安排中央财政性建设资金,按国务院规定权限审批、核准、审核重大建设项目、重大外资项目、境外资源开发类重大投资项目和大额用汇投资项目。深海资源勘探开发活动是我国战略高技术部署所在,事关我国海洋强国战略的实施,同时具有耗资巨大、风险高的特点。国家发改委应当衔接平衡需要,安排中央政

① "中华人民共和国外交部主要职责",中华人民共和国中央人民政府网,http://www.gov.cn/banshi/qy/rlzy/2012－11/16/content_2267994.htm,最后访问日期:2017 年 4 月 13 日。

② "国家发展改革委主要职责",中华人民共和国国家发展和改革委员会网,http://www.ndrc.gov.cn/zwfwzx/jj/,最后访问日期:2017 年 3 月 2 日。

府投资和涉及重大建设项目的深海设施、装备、科学技术研究的专项规划。

中华人民共和国科学技术部(简称科技部)主要职能是研究提出科技发展的宏观战略和科技促进经济社会发展的方针、政策、法规;研究科技促进经济社会发展的重大问题;研究确定科技发展的重大布局和优先领域;推动国家科技创新体系建设,提高国家科技创新能力。① 作为科技的前沿,深海科技进步、装备发展等离不开国家支持的宏观战略。科技部应当研究制定加强深海科技基础性研究、深海技术发展的政策措施;制定与组织实施深海科技攻关计划。例如,《"十三五"国家科技创新规划》指出:面向 2030 年,"深海空间站"科技创新项目为体现国家战略意图的重大科技项目。科技部在 2016 年 2 月发布国家重点研发计划深海关键技术与装备等重点专项项目。

中华人民共和国财政部(简称财政部)是国家主管财政收支、财税政策、国有资本金基础工作的宏观调控部门。财政部承担中央各项财政收支管理的责任。② 深海海底区域资源勘探开发和相关活动的开展,要求财政部编制深海海底区域活动的中央预决算草案,并进行财政收支管理和制定相关财税政策。

中华人民共和国交通运输部(简称交通部)主要职责是拟订并组织实施公路、水陆、民航行业规划、政策和标准,承担涉及综合运输体系的规划协调工作,促进各种运输方式相互衔接等。③ 深海海底区域资源勘探、开发活动处于国际海底,其上覆水域可能为国际航道,而交通部承担水上交通安全监管责任,其应该对水上交通与深海海底区域资源勘探、开发活动所潜在或发生的冲突进行协调,对深海勘探、开发活动中发生的水上交通安全事故、海上人命搜救等活动进行组织协调安排。

再次,构建我国深海法律体系需要步步为营、循序渐进。深海法律体系的构建是一个循序渐进的过程,不可能在短期之内实现,因此,应当步步为营,稳扎稳打。以深海战略为指导,以《深海法》为依据,以深海实践需求为导向,逐

① "中华人民共和国科学技术部职能",中华人民共和国科学技术部网,http://www.most.gov.cn/zzjg/kjbzn/,最后访问日期:2017 年 3 月 2 日。

② "中华人民共和国财政部主要职能",中华人民共和国财政部网,http://www.mof.gov.cn/zhengwuxinxi/benbugaikuang/bbzn/,最后访问日期:2017 年 3 月 2 日。

③ "中华人民共和国交通运输部主要职责",中华人民共和国交通运输部网,http://www.mot.gov.cn/jiaotonggaikuang/201510/t20151015_1902308.html,最后访问日期:2017 年 3 月 2 日。

步构建深海法律体系。具体步骤如下：一是应当尽快出台《深海海底区域资源勘探开发监管暂行办法》以解决深海实践急切需求；二是其他配套规章（暂行）陆续出台跟进；三是运行的暂行配套规章在实践中应吸收来自社会各界的立法意见，对这些有益立法意见予以吸收消化，并以此为基础制定出实施条例草案；四是推动实施条例草案纳入国务院立法规划以推动实施条例的尽早出台；五是以《深海法》和出台后的实施条例为法律依据，对各暂行配套规章予以修改；六是出台正式版本的配套规章。

第六章　构建中国深海法律体系的制度概述

《深海法》奠定了我国深海法律体系的基石,也规定了深海法律体系的基本制度。深海海底区域进行勘探、开发活动是在我国有效控制的前提下进行,需要有一系列的审批流程、监管流程。为此,深海法律体系需要建立完善的行政许可制度和监督检查制度。在进行深海海底区域勘探、开发活动时需要保护海洋环境,这不仅是国际法、勘探/开发合同的要求,也是《深海法》的明确要求。保护海洋环境需要遵守一定的方法和路径,这是一套综合了国际环境法和我国国内法的体系,因此,深海法律体系需要建立行之有效的环境保护制度。深海海底区域活动远离大陆,风险高,需要注意保护作业人员的人身、财产等安全,如果出现海盗、海上恐怖主义、他国侵犯我国公民权利的情况,国家应保护从事深海海底区域资源勘探、开发和资源调查活动的我国公民、法人或者其他组织的正当权益。如果我国公民、法人或者其他组织违反《深海法》或其他国内法律规定也应承担法律责任。

第一节　行政许可制度

行政许可是《深海法》重要的制度之一。在《深海法》的立法过程中,是否新设行政许可经历了反复讨论与论证。

一、设定行政许可的必要性

《海洋法公约》附件三第 4 条是有关深海海底区域资源勘探、开发申请者的资格规定,每一申请者应由其国籍所属的缔约国担保。如果申请者具有一个以上的国籍(如由几个国家的实体组成的合伙团体或财团),所有涉及的缔约国都应提供担保申请;如果申请者是由另一个缔约国或其国民有效控制,两个缔约国都应担保申请。在深海海底区域矿产资源勘探、开发活动中,缔约国所承担的是确保承包者遵守承包者与国际海底管理局签订的合同条款,以及《海洋法公约》《执行协定》、国际海底管理局规章所规定义务的责任,其主要目的是确保承包者按照《海洋法公约》和《执行协定》确立的深海海底区域制度,国际海底管理局制定的规则、规章以及《海洋法公约》第 153 条第 3 款以合同形式存在的"正式书面工作计划"从事勘探、开发活动。担保国的作用在于"协助"国际海底管理局监督、管理承包者,控制"区域"内活动,采取预防性措施和最佳环境做法以有效保护海洋环境。在管理局为保护海洋环境发布紧急命令的情形下采取措施,提供相应保证等,其担保义务是一种适当尽责的义务。

根据《海洋法公约》附件三第 4 条规定:如果担保国已制定法律和规章,并采取行政措施,而这些法律和规章及行政措施在其法律制度范围内可以合理地认为足以使在其管辖下的人遵守时,则该国对其所担保的承包者因不履行义务而造成的损害应无赔偿责任。国际海洋法法庭海底分庭有关担保国责任的"咨询意见"认为,如果担保国已采取"一切必要的和适当的措施以确保"被担保承包者"切实遵守"其义务,则可免除其损害赔偿责任。鉴于担保国的"尽责"义务是确保承包者的义务可以被执行,因而监管制度设计的核心是法律效果,而非表现形式,缔约国可以据其法律制度文化,选择适合本国国情的制度履行担保责任,达到预期的法律效果。①

采用许可制度对拟从事深海海底区域资源勘探、开发活动的我国公民、法人或者其他组织予以审查,不仅是我国对其有效控制和监管的表现,同时也是我国为其提供担保文件的一个前置审查程序。只有符合《深海法》规定的主体,才能够获得我国许可,从而得到我国的担保,这也是国际上比较通行的做法,英国、德国、新加坡等国都采取此种许可制度。因此,采用许可制度,既符合我国实际情况,体现我国国家意志,又能在客观上有效履行担保国的担保责任,从而更好维护我国国家利益和人类共同继承的财产。②

---

① Responsibilities and Obligations of States Sponsoring Persons and Entities with Respect to Activities in the Area, Advisory Opinion of 1 February 2011, para.25.

② 刘画洁:《国外深海底矿产资源许可制度比较与借鉴》,《江苏大学学报》(社会科学版)2015 年第 2 期,第 71 页。

二、行政许可的申请程序

《深海法》第 7 条规定了行政许可的申请程序：中华人民共和国的公民、法人或者其他组织在向国际海底管理局申请从事深海海底区域资源勘探、开发活动前，应当向国务院海洋主管部门提出申请，并提交下列材料：

（一）申请者基本情况；

（二）拟勘探、开发区域位置、面积、矿产种类等说明；

（三）财务状况、投资能力证明和技术能力说明；

（四）勘探、开发工作计划，包括勘探、开发活动可能对海洋环境造成影响的相关资料，海洋环境严重损害等的应急预案；

（五）国务院海洋主管部门规定的其他材料。

行政许可的申请是指自然人、法人或者其他组织同行政机关提出拟从事依法需要取得行政许可的活动的意思表示。申请者是从事深海海底区域资源勘探、开发的我国公民、法人或者其他组织。国家对从事深海海底区域资源勘探、开发活动的主体进行资格确认，而个人、组织是否符合规定的条件，必须由其自己举证。举证是在申请过程中完成的，只有申请者提出申请，行政机关才能据此判断其有拟从事需要取得行政许可活动的意思，才能适用有关法律法规对其是否符合法定条件进行审查。可以说，行政许可申请是在自然人、法人或者其他组织拟从事某项活动的愿望与行政机关依法许可其从事该项活动之间建立起了一座桥梁。

该条的规定既是我国对拟从事深海海底区域勘探、开发活动的申请者所应具备能力的一种要求，同时也是我国履行《海洋法公约》规定的义务。我国作为《海洋法公约》缔约国，有义务确保我国公民、法人或者其他组织在勘探、开发活动中履行《海洋法公约》规定。《深海法》第 7 条是确保申请者具备依据《海洋法公约》规定和合同条款开展深海海底区域资源勘探、开发活动的资质和能力；通过要求申请者提交该条中规定的材料来证明符合行政许可的条件，是为了防止不合格的申请者成为承包者。同时，对深海海底区域活动的规范管理也是促进和保护有资质、有能力的主体进行深海海底区域活动。在《深海法》审议过程中，有企业与行业部门的代表表示关切，由于深海海底区域资源勘探、开发国际制度仍在发展进程中，各类行政许可的申请程序也越来越专门化,申请者不可能预先知道深海海底区域资源勘探、开发的许可程序规则及申请许可要提交的材料目录及格式,故国务院海洋主管部门应加强与国际海底管理局的信息交流,确保申请者提交材料的一致性。对新设的行政许可申请,应尽快出台相应办法,在实施行政许可过程中负有公布有关行政许可事项的规定的公开义务,指导、帮助申请者完成行政许可申请的义务。

该条的目的是规范进入深海海底区域资源勘探、开发活动所应遵循的程序和具备的条件。一是从程序上规定了我国公民、法人或者其他组织在向国际海底管理局申请从事深海海底区域资源勘探、开发活动前,应向国务院海洋主管部门提出许可申请;二是明确申请材料的内容,通过对申请材料内容的要求,体现了对申请者从事深海海底区域资源勘探、开发活动有关资质与能力的要求。

三、行政许可的审查程序

《深海法》第 8 条规定了行政许可的审查程序:"国务院海洋主管部门应当对申请者提交的材料进行审查,对于符合国家利益并具备资金、技术、装备等能力条件的,应当在六十个工作日内予以许可,并出具相关文件。

获得许可的申请者在与国际海底管理局签订勘探、开发合同成为承包者后,方可从事勘探、开发活动。

承包者应当自勘探、开发合同签订之日起三十日内,将合同副本报国务院海洋主管部门备案。

国务院海洋主管部门应当将承包者及其勘探、开发的区域位置、面积等信息通报有关机关。"

行政许可的审查程序是指行政机关对已经受理的行政许可申请材料的实质内容进行核查。行政机关审查行政许可申请就是核实申请者是否具备法定的行政许可条件,以便依法决定是否准予行政许可。设定行政许可,应当规定行政许可的实施机关、条件、程序、期限。① 考虑到《深海法》起草的背景,不宜规定过细,以便为将来实践发展留有余地,《深海法》只对上述内容作了原则性规定。

---

① 《行政许可法》第 18 条。

国务院海洋主管部门对申请者提交的材料进行审查,对于符合条件的予以许可,是属于国务院职能部门行政许可事项。新设此行政许可十分必要,表明国家对规范深海海底区域资源勘探、开发活动的重视,这是在借鉴发达国家经验的基础上,通过我国对深海海底活动进行宏观调控的有力手段,保障进行深海海底区域资源勘探、开发活动主体的合法权益、维护社会经济秩序、促进资源的合理配置和环境保护等活动,同时也维护了人类共同继承财产这一基本原则。

第二节　环境保护和安全保障制度

深海海底区域资源勘探、开发有可能对海洋环境造成多种影响。随着人们对海洋环境和生物多样性保护重要性认识的不断加深,深海海底区域勘探、开发活动过程中的海洋环境保护已经越来越引起国际重视。《深海法》也专门规定了环境保护制度。[①]

我国《国家安全法》第 32 条规定:国家坚持和平探索和利用外层空间、国际海底区域和极地,增强安全进出、科学考察、开发利用的能力,加强国际合作,维护我国在外层空间、国际海底区域和极地的活动、资产和其他利益的安全。近年来,随着中国在全球政治、经济、文化、安全等地位全方位的崛起,中国参与世界事务的规模不断扩大、方式不断增多。呈现在世人面前的景象是:中国企业及中国公民更多地走出国门,海外留学生、海外务工人员以及出境游人数每年都在增加,世界上的几乎各个角落都能看到中国人的身影。随着我国综合国力和科学技术能力的提升,我国在外层空间、深海海底区域和极地等战略新疆域的活动日趋增多。"海外中国"局面的形成也把保护海外中国公民这一议题提到我国政府的面前。因此,《深海法》专门规定了安全保障制度。[②]

---

① 《深海法》第 12 条规定:承包者应当在合理、可行的范围内,利用可获得的先进技术,采取必要措施,防止、减少、控制勘探、开发区域内的活动对海洋环境造成的污染和其他危害。

② 《深海法》第 3 条规定:国家保护从事深海海底区域资源勘探、开发和资源调查活动的中华人民共和国公民、法人或者其他组织的正当权益。

一、环境保护制度

有关国际公约和规定对担保国在海洋环境保护方面的义务已经做出了明确规定。《海洋法公约》及其《执行协定》、国际海底管理局勘探规章都规定了担保国在海洋环境保护方面的责任和义务,包括采取最佳环境做法和预防做法,协助管理局控制"区域"内活动,采取预防措施,在发出为保护海洋环境的紧急命令时确保采取必要措施,对污染造成的损害可以提起申诉以获得赔偿,以及进行环境影响评价等。

2010 年 5 月 6 日,国际海底管理局理事会通过决定,就担保国责任问题请国际海洋法法庭海底争端分庭发表咨询意见。[①] 2011 年 2 月 1 日,国际海洋法法庭就此发表咨询意见,认为担保国应当制定法律和规章,并且采取行政措施,在其法律制度的框架下"合理适当地"确保其管辖下的人遵守环境保护义务。这个意见强调了担保国应当重视"区域"内活动的海洋环境和生态保护问题,并采取法律、规章和行政措施,以履行其确保遵守的义务,即一旦承包者违规作业并造成损害,有无国内立法将是担保国是否承担赔偿责任的必要条件。

我国作为深海海底区域资源勘探开发活动的担保国,有责任采取一切必要和适当的措施,确保被担保的承包者在深海"区域"中遵守《海洋法公约》等规定,进行环境保护。尽管我国已经制定了《海洋环境保护法》《矿产资源法》《矿产资源法实施细则》《防治海洋工程建设项目污染损害海洋环境管理条例》等法律法规,但其适用范围只限于中国的国家管辖海域,在《深海法》出台之前,并没有关于深海资源勘探开发的专门性法律。为了遵守国际公约和有关规定,避免承担担保国对"区域"内活动造成环境污染损害的责任,必须建立强有力的环境保护制度。对此,《深海法》特别规定了"环境保护"一章,以建立健全深海海底资源勘探开发的环境保护制度,尽量避免在深海海底区域勘探和开采过程中造成海洋环境污染。

承包者进行深海海底区域资源勘探、开发活动应当采取必要措施,以确保切实保护海洋环境,不受这种活动可能产生的有害影响。承包者应采取预防性做法和最佳环境做法,尽量在合理的可能范围内采取必要措施防止、减少和

---

① Responsibilities and Obligations of States Sponsoring Persons and Entities with Respect to Activities in the Area, Advisory Opinion of 1 February, 2011.

控制其在深海海底区域内活动对海洋环境造成的污染和其他危害。管理局与承包者签订的勘探合同中规定,承包者应在合理可能的范围内采取预防性办法和最佳环境做法,采取必要措施,防止、减少和控制其"区域"内活动对海洋环境造成的污染和其他危害。

我国公民、法人或者其他组织在向国际海底管理局申请从事深海海底区域资源勘探、开发活动前,应当向国务院海洋主管部门提出申请,并提交关于提议勘探、开发工作计划的一般性说明。一般性说明应当包括申请者未来5年的工作计划,包括对从事勘探、开发活动时必须考虑的环境、技术、经济和其他有关因素进行的研究。申请者所提交的有关环境方面的资料应该包括:对海洋学和环境基线研究方案的说明,以便评估拟议勘探、开发活动对环境的潜在影响;关于为防止、减少和控制对海洋环境的污染和其他危害,以及可能造成的影响而提议的措施;勘探、开发活动可能对海洋环境造成影响的初步评估;对于勘探、开发活动可能对海洋环境造成的严重影响;等等。

第一,防止、减少、控制对海洋环境造成的污染和其他危害。海洋环境的污染是指人类直接或间接把物质或能量引入海洋环境,其中,包括河口湾造成或可能造成损害生物资源和海洋生物、危害人类健康、妨碍包括捕鱼和海洋的其他正当用途在内的各种海洋活动、损害海水使用质量和减损环境优美等有害影响。[①] 我国《海洋环境保护法》规定:海洋环境污染损害是指直接或者间接地把物质或者能量引入海洋环境,产生损害海洋生物资源、危害人体健康、妨害渔业和海上其他合法活动、损害海水使用素质和减损环境质量等有害影响。海洋环境是指包括影响和决定海洋生态系统、海洋水域及这些水域的上空,以及海床和洋底及其底土的生产力、状态、状况和素质的物理、化学、地质和生物组成部分、条件和因素。"对海洋环境造成严重损害"是指深海海底区域内活动对海洋环境所造成的任何影响,按照管理局根据国际公认标准和惯例所制定的规则、规章和程序断定,这种影响使海洋环境出现显著不良变化。"其他危害"并无明文规定,但可以对类似国际公约进行借鉴。《东北太平洋海洋和海岸环境保护与可持续发展合作公约》规定:"其他形式的环境恶化"是指可能改变海洋环境及其资源质量的人为活动,通过降低侵蚀、外来物种的引

---

① 《海洋法公约》第1条第4款。

入、对自然现象的保护能力等自然恢复和再生的能力等方式影响了海洋环境。防止、减少、控制指的是污染防治的不同方式。防止是防患于未然;减少是降低已经发生污染的程度和强度;控制是不允许污染再继续加剧。

第二,承包者应当采取可获得的先进技术和采取必要措施。此项规定和国际环境法中的风险预防原则和最佳环境做法密切相关。为了确保有效保护海洋环境,使其免受深海海底区域活动可能造成的有害影响,承包者应采取风险预防原则和最佳环境做法。由于发达国家和发展中国家在环境保护方面科学技术方面存在着差距,风险预防原则和最佳环境做法并没有统一的、强制性的国际标准。

2017年1月,管理局起草了《关于深海海底区域内矿产资源开发的环境规章草案》,目前正在征求各方意见。其中,对一些概念的定义可以为更好地理解该条的规定提供参考。例如第八条对最佳环境实践解释为"应按照良好的行业实践,并结合可获得的最佳技术将环境管理和应对措施相结合,应不断修改完善环境标准和议定书的发展和适用,以取得对海洋环境的有效保护,包括降低污染和减少源排放,这种修改完善应当依据技术的发展和科技的进步,经济上也应当是可行的,当所谓的最佳环境实践并未达到可接受的效果时,应当采取额外的或其他措施,所谓的最佳环境实践也应当重新定义。"在附录中对"可获得的最佳技术"还进行了定义,即为了预防、减少和控制海洋环境污染、减少开发活动所造成的有害影响,采取的特定措施,其具有可适用性,并代表了最新的技术发展水平、操作工具或方法。

二、安全保障制度

我国公民、法人和其他组织从事深海海底区域资源勘探、开发和相关活动的地点尽管并不处于我国领土和我国管辖范围海域之内,但是根据相关国际法规则,我国可以依据属人管辖权和保护性管辖权对从事深海海底区域资源勘探、开发和资源调查活动的我国公民、法人或者其他组织进行管辖,保护他们的正当权益。随着我国深海事业的逐步推进以及深海海底区域资源勘探、开发活动的重心由资源勘探向资源开发的转变,未来将会有更多的我国主体从事深海活动,从事深海活动的范围会更广、频度更高。该条相关规定的重要性必将随着深海事业的发展更加显现。

承包者应遵守国内有关安全生产、劳动保护方面的法律、行政法规。承包者从事勘探、开发作业应遵守我国相关法律和行政法规。① 我国《安全生产法》第 4 条规定：生产经营单位必须遵守《深海法》和其他有关安全生产的法律、法规，加强安全生产管理，建立、健全安全生产责任制和安全生产规章制度，改善安全生产条件，推进安全生产标准化建设，提高安全生产水平，确保安全生产。从业人员是生产经营单位中从事生产经营活动的主体，按照《宪法》《劳动法》等法律规定，应当受到劳动保护；同时，也应当遵守法律、法规和生产经营单位的规章制度，履行安全生产义务。这也是保证生产经营单位安全生产的重要方面。与此同时，我国《劳动法》规定：用人单位必须建立、健全劳动安全卫生制度，严格执行国家劳动安全卫生规程和标准，对劳动者进行劳动安全卫生教育，防止劳动过程中的事故，减少职业危害。② 用人单位必须为劳动者提供符合国家规定的劳动安全卫生条件和必要的劳动防护用品，对从事有职业危害作业的劳动者应当定期进行健康检查。③ 例如，劳动者享有平等就业和选择职业的权利、取得劳动报酬的权利、休息休假的权利、获得劳动安全卫生保护的权利、接受职业技能培训的权利、享受社会保险和福利的权利、提请劳动争议处理的权利以及法律规定的其他劳动权利。安全生产工作应当以人为本，坚持安全发展，坚持安全第一、预防为主、综合治理的方针，强化和落实生产经营单位的主体责任，建立生产经营单位负责、职工参与、政府监管、行业自律和社会监督的机制。作出本款之规定，是《深海法》第 3 条国家保护我国公民正当权益的具体体现。

第三节　监督检查和法律责任制度

我国《行政许可法》规定：行政机关应当建立健全监督制度，通过核查反映被许可人从事行政许可事项活动情况的有关材料，履行监督责任。监督检查权是行政机关进行日常监管活动，实现行政目的的一项具有基础性、普遍性的权力。

---

① 《深海法》第 9 条第 2 款。
② 《劳动法》第 52 条。
③ 《劳动法》第 54 条。

法律责任是指违反法律规定的行为应当承担的法律后果。该章规定了两种法律责任，即行政责任和刑事责任。行政责任是指有违反有关行政管理的法律、法规的规定，但尚未构成犯罪的行为所依法应当承担的法律后果，分为行政处分和行政处罚。刑事责任是指依据国家刑事法律规定，对犯罪分子依照刑事法律的规定追究的法律责任。《深海法》的适用范围是深海海底区域，通过在《深海法》中规定刑事责任有其必要性，可以敦促深海海底区域资源勘探、开发活动承包者履行合同义务。

一、监督检查制度

监督检查制度是我国深海海底区域资源勘探、开发法律制度中的重要组成部分。在深海海底区域资源勘探、开发活动执法中，监督检查可以要求深海海底区域资源勘探、开发活动承包者定期报告履行勘探、开发合同的事项，也可以对承包者进行现场检查。作为深海海底区域资源勘探、开发活动的担保国，我国需要履行担保国责任，采取必要、合理措施，以使承包者遵守深海海底区域国际法律制度。一方面，对承包者勘探、开发活动进行监督检查是确保承包者按相关章和合同的要求从事勘探、开发活动的必要手段；另一方面，根据勘探相关行业和领域的惯例、实践，对其进行监督检查也是安全生产、确保其遵守相关法律的必要方法。

（一）监督检查的主体和内容

国务院海洋主管部门负责对深海海底区域资源勘探、开发和资源调查活动的监督管理。① 根据目前国务院机构职能与设置，国务院海洋主管部门是指国家海洋局。国家海洋局是该条规定的监督检查的主体，监管深海海底区域资源勘探、开发承包者的活动过程。这是国务院海洋主管部门在对勘探、开发申请者进行事前审查、许可进行深海海底区域资源勘探、开发活动的基础上，对成为承包者获准从事勘探、开发活动的被许可人应负有的事中监管的重要职责，是《深海法》中最重要的监管环节。

国务院海洋主管部门监督检查的内容是深海海底区域资源勘探、开发活动。《深海法》规定的勘探活动包括在深海海底区域探寻资源、分析资源的活

---

① 《深海法》第5条。

动、使用和测试资源采集系统和设备、加工设施及运输系统的活动,以及对开发时应当考虑的环境、技术、经济、商业和其他有关因素开展研究的活动。《深海法》规定的开发活动是指在深海海底区域为商业目的回收并选取矿物资源的活动,包括建造和操作为生产和销售矿物资源服务的采集、加工和运输系统。

国务院海洋主管部门还应当对承包者需履行的勘探、开发合同义务进行监督检查。包括对承包者保障从事勘探、开发作业人员的人身安全;保护海洋环境;保护作业区域内的文物、铺设物;遵守我国有关安全生产、劳动保护方面的法律、法规。[①]

(二) 报告制度

根据管理局对承包者定期报告及报告事项的要求,《深海法》立法讨论中认为承包者定期向国务院海洋主管部门报告履行勘探、开发合同的事项,其目的应使国务院海洋主管部门及时掌控承包者开展勘探、开发活动情况和评估承包者履行合同的情况,以便按照《海洋法公约》第139条的规定,协助管理局确保担保的承包者按照合同规定开展勘探、开发活动。因此,设立定期报告制度的实质,一方面是国务院海洋主管部门应在国际海底管理局应审事项前审查把关;另一方面,是通过对报告审查把关来评估承包者执行合同的情况,履行其事中监督管理的职能。报告的内容包括以下方面。

第一,勘探、开发活动的情况。勘探、开发活动情况是判断承包人是否诚信履行勘探、开发合同的主要信息。对勘探、开发活动的报告事项应包括:① 承包者应于每年向国际海底管理局递交年度报告前,向国务院海洋主管部门报告年度报告的摘要,以反映过去年度履行合同的情况,并在必要时提供有关方面的资料。② 承包者至迟应在合同生效之日开始的每一个5年届满之前的90天,在向国际海底管理局提交报告及其要求的资料数据之前,对根据合同制定的现行5年活动方案的完成情况向国务院海洋主管部门提交报告,并说明下一个5年的活动方案,包括预期支出。③ 在合同期满或终止时,承包者应向国务院海洋主管部门提交说明合同完成情况的报告。国务院海洋主管部门应对此类报告及时进行评估。

---

① 《深海法》第9条。

第二,环境监测情况。环境监测情况主要是判断被许可人的活动是否符合环境许可证之要求,往往需要运用技术手段对环境进行持续监测,方能得出正确结论。通常情况下,环境监测分为两类:一是企业的"自我监测",即被许可人必须安装、使用和维持规定的监测仪器与设备,对环境进行定期监测,并建立和维持相关记录,向许可机关报告。企业的"自我监测"义务体现了"污染者负担原则",在许多国家受到重视。二是环境管制机关的"监督性监测",即环境管制机关对被许可人所报告的监测结果进行审核,对有异议的数据进行抽测,对被许可人安装的监测仪器与设备进行质量控制,以及环境管制机关实施的与环境行政许可有关的其他监测行为。上述两类监测往往相互结合,从而形成严密的环境监测机制。

在承包者提交给国际海底管理局的年度报告中,应当载列环境监测方案的结果,包括对各项环境参数的观察、测量、评价和分析。此外,承包者应于每一日历年结束后的 90 天内向国际海底管理局秘书长报告合同所述监测方案的执行情况和结果,并提交数据和资料。承包者在向国际海底管理局提交此类报告前,应向国务院海洋主管部门提交这类报告的摘要。

第三,年度投资情况。年度投资情况能够反映承包者的资金情况,以判断其是否有能力继续进行深海海底资源勘探、开发活动。在承包者提交给国际海底管理局的勘探年度报告中,要求载列一份符合国际公认会计原则和经具有适当资格的会计师事务所核证的报表,或者承包者为国家和国有企业时经担保国核证的报表,其中载列承包者在其会计年度内为执行活动方案而实际和直接支出的勘探费用。[①] 承包者可将这些费用列为承包者在开始商业生产前承担的部分发展费用。承包者向国务院海洋主管部门提交年度报告摘要时,应一并提交年度投资情况的摘要。

第四,国务院海洋主管部门要求的其他事项。国务院海洋主管部门可明确报告备案制度,要求承包者凡提交给国际海底管局的年度报告、阶段报告等均应及时将副本报国务院海洋主管部门备案。其他事项视具体情况和深海海底制度发展而定,包括与国际海底管理局今后制定出台的开发和环境等规章要求相一致的报告内容等。

---

① 《"区域"内多金属结核探矿和勘探规章》(国际海底管理局文件:ISBA/19/C/17),第 12 条第 5 款。

(三) 现场检查

现场检查权是行政机关进行入场监管活动,实现行政目的的一项具有基础性、普遍性的权力。该条规定的现场检查包括用于勘探、开发活动的船舶、设施、设备以及航海日志、记录、数据等。

这一制度具有以下几个特点:① 执法主体只能由负有相关监督管理职责的行政部门执行。② 具有强制性,不需要被检查单位的同意。③ 执法主体只能对承包者进行检查,检查客体具有特定性。④ 现场检查具有一定的随机性,有关执法主体可以随时进行检查。⑤ 现场检查的范围和内容应当于法有据,不能任意检查。

根据《海洋法公约》和《“区域”内多金属结核探矿和勘探规章》的相关规定,国际海底管理局可以对承包者用于勘探、开发活动的船舶、设施、设备以及航海日志、记录、数据等进行检查。我国对承包者进行检查既是我国主权项下事项,也是我国履行担保国责任,加强对承包者监管,保证其勘探活动符合国际海底活动法律制度的必要手段。检查的范围是承包者用于勘探、开发活动的船舶、设施、设备以及航海日志、记录、数据等。航海日志、记录、数据等应当包括必要的和直接相关的账簿、凭单、文件和记录。“可以检查”意味着主管部门在认为有必要时可以检查,以切实履行监管部门的职责。同时检查权的行使应当慎重,不能滥用,不应给承包者带来额外的负担,干扰承包者的正常作业。

国务院海洋主管部门在决定进行检查时,应合理通知承包者,告知检查的预定时间和检查的时间长度、检查人员的姓名以及检查人员准备进行,而且可能需要的特别设备或者需要承包者的人员提供特别协助的活动。检查人员有权检查任何船只或设施,包括其航海日志、设备、记录、装备、所有其他已记录的数据以及为监测承包者的遵守情况而需要的任何相关文件。承包者及其代理人和雇员应协助检查人员履行其职务。检查人员应避免干扰承包者用于在所检查区域进行活动的船只和设施上的安全和正常作业,并应依照相关规定,保护数据和信息的机密性。

国务院海洋主管部门应当对承包者勘探、开发活动进行监督检查。这一规定赋予了国务院海洋主管部门进行监督检查的职责。① 因此,国务院海洋主

---

① 《深海法》第 19 条。

管部门依照《深海法》规定对承包者进行监督检查时,承包者不得拒绝,并应当积极配合,如实反映情况,提供必要的资料。承包者在接受监督检查时不如实反映情况和提供必要资料,或者不予以协助、配合的,即构成违法,应当承担《深海法》第24条规定的法律责任。[①] 承包者应准许国务院海洋主管部门派检查人员登临承包者用以在勘探区域内进行活动的船舶和设施,以便监测承包者履行合同及遵守国际规章规则的情况,并监测这些活动对海洋环境的影响。承包者及其代理人和雇员应协助检查人员履行其职务,接受检查人员并方便检查人员迅速而安全地登临船只和设施,并对按照这些程序检查任何船只或设施的活动给予合作和协助。承包者应在任何合理的时间为检查人员接触船只和设施上所有有关的设备、装备和人员提供便利,包括在适当情况下提供食宿。在检查人员履行职务时不加阻挠、恫吓或干预,并方便检查人员安全离船。[②]

二、法律责任制度

从事深海海底区域资源勘探、开发的承包者和从事深海海底区域相关环境保护、科学技术研究、资源调查活动的当事者违反《深海法》或者其他法律法规应当承担相应的法律责任。进行深海海底区域资源勘探、开发活动的承包者需要注意,违反《深海法》规定要承担行政责任,情节严重的还需承担刑事责任。同时,如果违反了与管理局签订的合同,还要对管理局承担责任。这是两种不同性质的责任。具体来说,主要有以下几种情况。

第一,提交虚假材料取得许可的;不履行勘探、开发合同义务或者履行合同义务不符合约定的;未经同意,转让勘探、开发合同的权利、义务或者对勘探、开发合同作出重大变更的,国务院海洋主管部门可以撤销许可并撤回相关文件。[③]

第二,未按规定将勘探、开发合同副本报备案的;转让、变更或者终止勘探、开发合同,未按规定报备案的;未按规定汇交有关资料副本、实物样本或者

---

① 《深海法》第24条。
② 《"区域"内多金属结核探矿和勘探规章》(国际海底管理局文件:ISBA/19/C/17),"附件四"第14节。
③ 《深海法》第23条。

目录的;未按规定报告履行勘探、开发合同事项的;不协助、配合监督检查的,由国务院海洋主管部门责令改正,处二万元以上十万元以下的罚款。①

第三,未经许可或者未签订勘探、开发合同从事深海海底区域资源勘探、开发活动的,由国务院海洋主管部门责令停止违法行为,处十万元以上五十万元以下的罚款;有违法所得的,并处没收违法所得。②

第四,违反《深海法》第 9 条第 3 款、第 11、12 条规定,造成海洋环境污染损害或者作业区域内文物、铺设物等损害的,由国务院海洋主管部门责令停止违法行为,处五十万元以上一百万元以下的罚款;构成犯罪的,依法追究刑事责任。③

---

① 《深海法》第 24 条。
② 《深海法》第 25 条。
③ 《深海法》第 26 条。

第七章　中国深海法律规范的完善建议

　　为达到预期的法律目的,中国深海法律体系的内部结构必须具备科学性,应避免过于简单化与扁平化。具体而言,中国深海法律体系的内部结构可以分为纵向与横向两个维度。

　　中国深海法律体系的纵向结构以法律效力层级为标准而形成,较为科学与完整的纵向结构应包括宪法、法律、法规、行政规章以及其他规范性法律文件。宪法作为根本法为中国深海法律体系提供合宪性基础,同时也对其目的、原则以及具体内容起到确定性作用;法律可以分为《深海法》与其他涉海法律;法规、规章以及其他规范性法律文件,主要起到对宪法和法律进行细化与补充作用,以增强海法规范的可操作性。一般而言,纵向结构的科学性能够在相当程度上影响中国深海法律体系的实效。高效力层级的法律规范越完备,中国深海法律体系的权威性越强;低效力层级的法律规范越完备,法规体系的可操作性越强,由高效力层级法律规范所确立的海洋法律秩序也能更好地落实。因此,中国深海法律体系也应呈现金字塔式样的纵向结构。除纵向维度以外,中国深海法律体系的内部结构还可以从横向维度观察。中国深海法律体系的横向结构是以法律规范调整对象为标准形成的。中国深海法律体系是以海洋为依托而形成的法律体系,其调整对象十分广泛,其中包括海上劳动法、海上国际法、海上刑法、海上行政法、海洋环境与资源保护法、海上诉讼法等。

　　横向结构的完整性主要体现出海法体系的覆盖范围。一般而言,中国深海法律体系的覆盖范围经由两种途径扩展:一是由陆上法律规范延伸至海上,例如由陆上《矿产资源开采登记管理办法》延伸至《深海海底区域资源勘探开发许可管理办法》;二是因海上法律规范之间相互联系而得到扩展,例如海上交通运输导致溢油,海法体系覆盖范围也就由狭义的海商法拓展至海洋环境保护,故从横向结构看,深海法律体系体现为不断扩展的过程,即深海法律体系越发达,其覆盖范围越广,反之亦然。①

本章主要对我国已经出台的深海法律规范性文件进行详细解读并提出改进建议,包括《深海海底区域资源勘探开发许可管理办法》《深海海底区域资源勘探开发样品管理暂行办法》和《深海海底区域资源勘探开发资料管理暂行办法》等内容。

第一节　深海海底区域资源勘探开发许可管理办法

通过国内审查、许可、取得国家担保是具有我国国籍的申请者进入深海海底区域从事资源勘探、开发活动的前置条件,是我国作为担保国管辖权(属人管辖)、履行担保义务的体现。国务院海洋主管部门审查批准了申请者深海海底活动的许可申请,并出具了国家担保文件,但这并不意味着申请者就可以进行深海海底区域勘探、开发活动,还必须按照"区域"制度要求,通过国际海底管理局履行一系列必要的程序,在与国际海底管理局签订勘探、开发合同成为承包者后才可以从事深海海底区域资源勘探、开发活动。这是因为"区域"及其资源是人类的共同继承财产,位于我国和其他国家管辖范围以外的海域由国际海底管理局代表全人类进行管理。

在 2017 年 5 月 3 日国家海洋局召开的《中华人民共和国深海海底区域资源勘探开发法》颁布实施一周年新闻通气会上,国家海洋局公布了《深海海底区域资源勘探开发许可管理办法》(简称《许可管理办法》)。②《许可管理办法》将提升深海海底区域资源勘探开发活动的管控有效性。国务院海洋主管部门通过对从深海海底区域资源勘探、开发活动的申请受理到审查批准,在不同情况下的备案和通报制度,以及国家对承包者的勘探、开发活动做到全程监管。与此同时,如果承包者违反法律或合同规定,国家将依法追究其法律责任,并

---

① 汤喆峰、司玉琢:《论中国海法体系及其建构》,《中国海商法研究》2013 年第 3 期。
② "海洋局解读《深海海底区域资源勘探开发许可管理办法》",中华人民共和国国务院新闻办公室网,http://www.scio.gov.cn/xwfbh/gbwxwfbh/xwfbh/hyj/Document/1550582/1550582.htm,最后访问日期:2018 年 3 月 15 日。

处以行政处罚及刑事处罚。监管与惩罚并用的深海行政许可为规范承包者的资源勘探、开发活动提供了制度上的保障。

《许可管理办法》能够促进我国深海海底区域资源勘探开发活动的有序进行和长远发展。许可制的采用实际上是为进入深海海底区域资源勘探、开发活动设立了一个门槛，只有在资金、技术等方面符合国家要求才有可能得到国务院海洋主管部门的批准。设立门槛并不是人为造成进入深海领域的障碍，而是出于维护国家利益、维护人类共同继承财产原则，保护有意愿、有能力且深海活动规划合理的主体进入深海领域，也将在此过程中规范、整合社会深海力量，鼓励他们进行良性竞争、强强联合。与此同时，国家对行政许可的条件还可以根据我国国家利益的调整、深海事业的规划等因素进行调整，控制进入深海海底区域资源勘探、开发活动的主体、规模等。

一、深海海底区域资源勘探开发的申请和审查

（一）深海海底区域资源勘探开发申请程序

《许可管理办法》的第二章规定了深海海底区域资源勘探开发活动的申请。

首先，申请的对象是深海海底区域资源勘探、开发活动。深海海底区域资源勘探是指在深海海底区域探寻资源，分析资源，使用和测试资源采集系统和设备、加工设施及运输系统，以及对开发时应当考虑的环境、技术、经济、商业和其他有关因素的研究。[①] 深海海底区域资源开发是指在深海海底区域为商业目的回收资源并从中选取矿物，包括建造和操作为生产和销售矿物服务的采矿、加工和运输系统。[②] 勘探和开发深海海底区域资源的活动即为《海洋法公约》所界定的"区域"内活动。有意开展深海海底区域资源勘探、开发活动的《海洋法公约》缔约国和相关实体可向国际海底管理局申请核准关于"区域"内活动的工作计划，而工作计划一经核准，国际海底管理局应按照其制定的规则、规章和程序，以合同形式授予经营者在工作计划所包括的区域内勘探和开发指明类别资源的专属权利。如果申请者申请核准只包括勘探阶段或开发阶段的工作计划，核准的工作计划应只就该阶段给予这种专属权利。

---

① 《深海法》第 27 条第 1 款。
② 《深海法》第 27 条第 2 款。

其次,关于勘探、开发活动的申请者、申请程序和受理机构。深海海底区域从事勘探、开发活动的申请者是我国公民、法人或者其他组织。申请者包括国内企业事业单位、组织和个人,也包括具有我国法人资格的外资企业、合资企业,在国外申请深海海底区域资源勘探、开发工作计划但受我国有效控制的企业。①

最后,关于申请深海海底区域资源勘探、开发活动的相关要求。该条对申请深海海底区域勘探、开发活动所提交的材料要求,体现了国家对进入深海海底区域从事勘探、开发活动的主体资质、能力等方面的要求。这些要求既符合我国现行法律法规对相关领域与行业活动的要求,也与《海洋法公约》和管理局已制定的规则规章相一致。包括申请者基本情况、②拟勘探、开发区域位置、面积、矿产种类等说明、③财务状况、投资能力证明和技术能力说明、④勘探、开发工作计划和应急预案。⑤

深海海底区域资源勘探工作计划一般为期 15 年,主要内容包括：① 勘探方案的一般说明和时间表,包括未来五年的活动方案。例如,对勘探时必须考虑的环境、技术、经济和其他有关因素进行的研究;② 进行海洋学和环境基线

---

① 《深海法》第 2 条第 1 款。

② 申请者的基本情况反映的是申请者的基本信息。这些信息足以确定申请者身份与状况,包括相关的资信证明材料：申请者(单位和个人)的合法身份证明或法人代表身份证明、注册资金与注册地点、主要营业地点或住所、通信信息。在合资或合伙情况下,还应包括每一合资或合伙者的基本信息、企业是否中外合资、是否有效控制在他国注册的企业,或受他国或他国国民有效控制等。参见《许可管理办法》第 6 条第 1 款。

③ 深海海底区域资源拟勘探、开发区域的位置主要取决于不同矿产资源的成矿环境与地理特征。如多金属结核主要存在于海底盆地。多金属硫化物存在于大洋中脊附近(另一类存在于弧后盆地的硫化物则位于国家管辖的专属经济区内)。富钴结壳则存在于海底山顶部。申请材料应以符合公认国际标准的坐标表界定拟勘探、开发区域的具体位置与界限(范围)。提供拟勘探、开发区域位置与范围还应说明是否会与同一区域其他可能的活动产生冲突或潜在冲突,如是否坐落在集中捕鱼区或主要航道上,是否有海底电缆经过同一区域。这些资料将有助于受理申请的国务院海洋主管部门和国际海底管理局协调与其他海洋活动及主管机构之间的关系,国际海底管理局也可据此判定是否在不同国籍的申请者之间存在拟勘探、开发区域的重叠问题,从而作出是否受理申请的决定。参见《许可管理办法》第 6 条第 2 款。

④ 财务状况、投资能力证明和技术能力说明等信息反映了申请者的经济和技术能力。申请者在申请书中应载明足够的具体资料,使国务院海洋主管部门能够据此确定申请者是否拥有执行工作计划所需的财政和技术资源,以履行未来国际海底管理局合同规定的义务。参见《许可管理办法》第 6 条第 3 款。

⑤ 《许可管理办法》第 6 条第 5、7 款。

研究方案的说明,这些研究是为评估勘探活动对环境的潜在影响;③ 勘探活动可能对海洋环境造成影响的初步评估;④ 为防止、减少和控制对海洋环境污染和其他危害以及可能造成影响的相关措施;⑤ 未来 5 年活动方案的预期年度支出表。勘探、开发工作计划所包括的应急预案是指承包者为有效应对因海上活动而可能对人身、海洋环境和财产造成严重损害或带来严重损害威胁事故的紧急响应机制和应急计划。这种紧急响应机制和应急计划应确定特别程序,并应备有足够和适当的设备,以应对此类事故的发生。

在特殊情况下,国务院海洋主管部门可要求申请者提交其他材料。① 从事深海海底区域资源勘探、开发的申请者须提交国务院海洋主管部门规定提交的其他资料,这是从立法技术上考虑的弹性要求。国务院海洋主管部门规定的其他材料是指海洋主管部门依据《深海法》制定的相关规定和办法所要求提交的材料,这些材料应与国内相关法律和与国际相关制度要求相一致。由于立法条件所限和目前深海海底区域活动所处的阶段特征,《深海法》所要求申请者提交的材料难以罗列和囊括全部资料清单。随着对深海海底勘探、开发活动实践经验的不断丰富、技术装备能力的发展、对深海科学认知能力和环境评价能力的提升,国务院海洋主管部门可能会对从事深海海底区域勘探、开发和环境保护等活动提出相应要求,国际海底管理局也将制定出台开发规章和相应的规定和指南。该条规定充分考虑了国际义务与国内法的衔接,随着国际海底管理局"区域"资源开发规章的出台及相应制度的发展,国务院海洋主管部门可依法对申请者需提交的其他材料作出相应的补充规定,列明申请者提交符合与国内相关法规和深海海底国际制度要求相一致的材料清单。

（二）深海海底区域资源勘探开发审查程序

国务院海洋主管部门应当对申请者提交的申请材料进行审查,对于符合国家利益并具备资金、技术与装备等能力条件的申请,应当在 60 个工作日内予以许可,并出具相关文件。② 审查内容包括:勘探、开发申请是否符合国家利益;申请者的诚信状况;申请者的资金状况、技术条件、装备条件;勘探、开发工作计划;深海海底区域资源勘探开发环境影响报告和海洋环境损害等应急预案是否符合国际海底管理局规定的各类资源勘探、开发应具备的条件;国家

---

① 《许可管理办法》第 6 条第 8 款。
② 《深海法》第 8 条第 1 款。

海洋局认为需要审查的其他事项。①

　　判断在深海海底区域资源勘探、开发领域是否符合国家利益的首要因素是勘探、开发活动应当有利于维护我国政治利益和国家安全。应通过参与深海海底资源利用和海洋环境保护等活动,既体现出我国良好的国际形象,展现我国作为负责任大国的政治气度和智慧,也是保障国家资源、环境等领域安全的重要手段。其次,深海海底区域资源勘探、开发应当符合我国的海洋战略。海洋战略是指导国家海洋事业发展和保障国家海洋利益及安全的总体方略,是国家战略在海洋事务中的运用和体现,是集指导海洋经济发展、海洋科技进步、海洋环境保护和海上安全保障等于一身的战略体现。② 党的十八大报告提出:"提高海洋资源开发能力,发展海洋经济,保护海洋生态环境,坚决维护国家海洋权益,建设海洋强国"的战略思想也是衡量我国走向深海,开展深海海底区域资源勘探、开发活动是否符合国家利益的主要因素。再次,深海海底区域资源勘探、开发具有潜在经济利益,有利于公共利益提升。深海海底区域资源勘探、开发中存在两项公共利益:一是深海海底资源勘探、开发带来的经济利益;二是深海海底生境与深海生物多样性构成的生态利益与环境利益。要保证经济利益实现,需要申请者诚信经营,具备足够的技术、资金能力。而要保证生态利益和环境利益,就需要对勘探、开发活动进行环境影响评估、采取环境保护措施。

　　资金、技术和装备是确定申请者是否具有足够的财政和技术能力,履行今后与国际海底管理局签订的合同和执行勘探、开发工作计划,也是确保承包者通过勘探、开发深海海底资源,实现经济利益的基本条件。基于深海海底资源勘探、开发具有投资大、风险高、周期长、技术性强等特点,国务院海洋主管部门通过审查,应确定申请者能够承担和筹措足够的财政资金以支付拟议的勘探、开发作业估计成本和预计投入,勘探、开发合同所要求的应交费用和有关活动费用,持续监控和管理海洋环境的估计费用;建立必要的风险评估和管理系统的费用,包括满足健康、安全和环境要求的责任保险。从技术、装备角度进行评估,因为深海海底资源勘探、开发环境不同于陆地资源勘查与开发环

---

① 《许可管理办法》第 8 条。
② 《专家解读政府工作报告——为海洋事业发展指明方向》,《中国海洋报》2014 年 3 月 7 日,第 A2 版。

境。例如,海底无光线、水深压力、地形复杂、洋流变幻等环境,海面风浪对现场作业的影响等。由于深海海底环境复杂,资源勘探、开发作业困难,申请者和承包者需要具备足够的技术能力应对这些困难,需要斥资购买或研发能够进行深海资源勘探、开发的设备,需要培养具有专业技能的相关人员和建立相对稳定的专业队伍;同时根据《深海法》规定的应急处置机制,勘探、开发活动过程中应备有足够和适当的设备,以应对可能发生的环境损害等紧急事故。

规定行政机关审查行政许可事项的期限,在规范行政机关的行为、提高行政效率的同时,也便于申请者监督行政机关的行为。"六十个工作日"是国务院海洋主管部门审查申请者提交材料的时限。行政活动要遵守效率原则,国务院海洋主管部门应积极履行法定职责,禁止不作为或者不完全作为。60 个工作日便是法定时限,禁止超越法定时限或者不合理延迟。规定一个较短的审批时限也是考虑到了深海海底活动的实际情况。向国际海底管理局申请勘探深海海底依据的是"先到先得"原则,即国际海底管理局根据申请的先后顺序受理申请。深海海底区域活动复杂多变,国务院海洋主管部门在受理申请后的较短时间内审查许可申请者的申请,有利于申请者在国际海底管理局的申请中抓住时机,掌握申请主动权。"六十个工作日"是审批的上限时间。实际上,审批部门应当本着"从速审议"的原则进行审议,审批部门当然可以在60 个工作日到期前进行审批。

国务院海洋主管部门审查之后出具相关文件。"相关文件"除行政许可证书等文件外,主要指申请者向国际海底管理局申请勘探、开发工作计划时须一并提交的国家担保文件。[①] 中国大洋协会和中国五矿集团公司以往向管理局提交的深海海底区域资源勘探工作计划的申请书均附有国务院授权的国家海洋局出具的国家担保文件。《深海法》在我国实践的基础上,根据第 5 条所确立的管理体制,明确了国务院海洋主管部门对符合审查条件的深海海底区域资源勘探、开发申请者予以许可,出具相关文件。

---

① 根据国际海底管理局要求,国家担保文件应以提交该担保文件的国家名义正式签署,并应载有:(a) 申请者名称;(b) 担保国国名;(c) 一份陈述,声明申请者是担保国国民或受担保国或其国民的有效控制;(d) 担保国的陈述,表示该担保该申请者;(e) 担保国交存《海洋法公约》批准书、加入书或继承书的日期;(f) 担保国按照《海洋法公约》第 139 条、第 153 条第 4 款和附件三第 4 条第 4 款承担责任的声明。参见《"区域"内多金属结核探矿和勘探规章》(国际海底管理局文件:ISBA/19/C/17),第 11 条。

(三) 合同的延续和变更

《许可管理办法》对深海海底区域资源勘探、开发活动的特殊情况作出规定。被许可人在向管理局提出深海海底区域资源勘探、开发合同延期申请前，应当向国家海洋局申请许可延续，并提交深海海底区域资源勘探、开发许可证，许可延续申请书以及与许可延续事项有关的其他材料。国家海洋局应当自受理许可延续申请之日起 60 个工作日内决定批准或者不批准。经国家海洋局批准后，被许可人方可向国际海底管理局提出合同延期申请。许可延续可以多次进行申请，每次许可延续有效期最长为 5 年，自原勘探、开发许可终止日期起算。国家海洋局作出不予许可延续决定的，应当书面说明理由，并告知被许可人享有申请行政复议或者提起行政诉讼的权利。逾期未作决定的，被许可人可以依法申请行政复议或者提起行政诉讼。①

被许可人请求变更深海海底区域资源勘探、开发许可证记载事项的，应当向国家海洋局提出申请，符合法定条件、标准的，应当依法办理变更手续。如果被许可人对勘探、开发工作计划作出重大变更，或者对勘探、开发合同作出重大变更、修正或改动，或者全部或部分转让勘探、开发合同的权利、义务，或者存在国家海洋局规定的其他情形，应当报经国家海洋局同意，并报请国家海洋局重新核发勘探、开发许可，出具相关文件。被许可人应当自勘探、开发合同转让、变更或者终止之日起 30 日内，报国家海洋局备案。国家海洋局应当及时将勘探、开发合同转让、变更或者终止的信息通报有关机关。②

二、备案、信息通报和监督检查制度

(一) 备案

承包者自与管理局签订勘探、开发合同之日起 30 日内，将合同副本报国务院海洋主管部门备案。③ 一般而言，备案是指向主管机关报告事由，存案以备考查。备案的核心内涵是指当事人向主管机关报备相关事项，是行政机关依照法律法规的规定，接受行政相对人报送符合条件的资料和文件，并进行收集存档，以作为后续监管和执法的信息基础。此处的备案是指承包者向国务

---

① 《许可管理办法》第 15 条。
② 《许可管理办法》第 16 条。
③ 《许可管理办法》第 13 条。

院海洋主管部门报送合同副本以备查考,这有利于国务院海洋主管部门知悉、掌握承包者从事深海海底区域活动的详细内容和进展,也有利于国家保护承包者的合法权益。备案不对承包者的合同权利义务、从事深海勘探、开发的资格产生实质影响。国务院海洋主管部门通过备案制的实施进行信息收集和信息披露,存档备查,为其行政决策和行政执法提供信息基础,也起到监督检查的作用。规定合同签订之日起 30 日内报备是为了确定一个合理的时限,既有利于国务院海洋主管部门及时了解、掌握相关情况,也考虑到承包者签订合同可能出现的不同情况,给签订合同的承包者一个合理的准备时间。

(二) 信息通报

通报制度是我国立法中常用的一种制度,便于相关部门监督管理和公民及时知晓相关情况。国务院海洋主管部门应当将承包者及其勘探、开发的区域位置、面积等信息通报给有关机关。首先,是承包者的相关信息,包括应能使有关机关及时知悉掌握与其管理职能相关的信息,便于有效保护承包者的权益和利益,及时处置勘探、开发活动期间可能的突发事件和紧急情况。此外,进行深海海底区域资源勘探、开发活动也可能会涉及同一区域内的其他海洋活动,例如海上航行、捕鱼、铺设管道、科学研究等。《海洋法公约》规定:“区域”活动应当与海洋环境中的其他活动相互合理地顾及,承包者勘探、开发的区域位置、面积等信息应当为我国相关部门所知晓,以对相关海洋活动进行提示和相互顾及。① “有关机关”应包括《深海法》第 5 条中所指的负责相关管理工作的国务院其他有关部门,例如外交部、农业部、交通部等,同时也应包括应知情的相关部门与行业,例如科学院、新闻机构等。

(三) 监督和检查

《许可管理办法》规定了监督检查制度。国家海洋局应当建立健全深海海底区域资源勘探、开发许可监督检查制度,对深海海底区域资源勘探、开发活动实施监督检查。② 被许可人应当定期向国家海洋局报告履行勘探、开发合同的情况、环境监测情况、年度投资情况以及国家海洋局要求的其他事项。被许可人向管理局提交年度报告时,应同时将年度报告报国家海洋局备案。③ 国家

---

① 《海洋法公约》第 147 条。
② 《许可管理办法》第 17 条。
③ 《许可管理办法》第 18 条。

海洋局可以检查被许可人用于勘探、开发活动的船舶、设施、设备以及航海日志、记录、数据等。被许可人应当向国家海洋局提供有关勘探、开发的账簿、凭单、文件和记录等。被许可人应当对国家海洋局的监督检查予以协助、配合。① 国家海洋局在实施监督检查时，不得妨碍被许可人正常的生产经营活动，不得索取或者收受被许可人的财物，不得谋取其他利益。

《许可管理办法》对违法从事深海海底区域资源勘探、开发许可事项的活动规定了处罚措施。如果被许可人提交虚假材料获得许可，或者不履行勘探、开发合同义务，或者履行合同义务不符合约定，或者未经同意，转让勘探、开发合同的权利、义务或对勘探、开发合同作出重大变更，国家海洋局可以依法撤销其深海海底区域资源勘探、开发许可，并撤回相关文件。② 出现特定情形，被许可人的许可证还可能被撤销。如果被许可人在许可证有效期届满前未延续其许可证或者被许可人不再具有勘探、开发深海海底区域资源能力，或者被许可人申请停业、歇业被批准，或者被许可人因解散、破产、倒闭等原因而依法终止，或者深海海底区域资源勘探、开发许可证依法被撤销或者出现法律、法规规定应当注销的其他情形，国家海洋局应当按照规定办理深海海底区域资源勘探、开发许可证的注销手续。③

三、许可管理办法的不足与改进建议

《许可管理办法》中的行政许可制度，为中国公民、法人和其他组织向管理局申请矿区提供了进一步的制度保障。④ 同时，也应当看到《许可管理办法》本身也存在着一些不足，一些内容已经不合时宜，需要修订。

（一）完善报告制度

报告制度首先涉及承包者与管理局和担保国三者之间的关系。承包者与管理局之间是合同关系。合同是承包者参与深海海底区域资源勘探、开发活动的法律依据。管理局对承包者深海海底区域资源勘探、开发活动具有管理权，包括审批、核准勘探和开发工作计划、签订合同和监管以合同形式核准的

① 《许可管理办法》第19条。
② 《许可管理办法》第23条。
③ 《许可管理办法》第24条。
④ "中国进一步加强深海海底资源勘探开发活动监管"，中国新闻网，http://www.chinanews.com/cj/2017/05-03/8215024.shtml，最后访问日期：2018年3月1日。

工作计划的实施。承包者与所在国籍国或受有效控制的国家之间的关系可确定为担保关系。担保国应制定法律法规,采取行政措施,并确保这些法律法规及措施是可执行的。我国对深海海底活动的"确保"责任体现在依据《深海法》对申请者和承包者的全程管理,包括审查、许可和监管、追责。在上述前提下,承包者在勘探、开发活动中出现的损害环境等问题,担保国可免除损害赔偿责任。

《许可管理办法》只是要求承包者定期向国家海洋局报告履行勘探、开发合同的事项,承包者向管理局提交年度报告时,应同时将年度报告报国家海洋局备案。这说明《许可管理办法》的报告制度更倾向于一种备案性质,故大大弱化了国家海洋主管部门的监督检查职能和效果。勘探、开发活动情况是判断承包人是否诚信履行勘探、开发合同的主要信息。

(二)后国家海洋局时代海洋主管部门的确定

长期以来,我国管辖海域的管理体制是一种"条条"与"块块"相结合的模式,涉海部门较多且各自进行管理和执法活动。改革开放以来,我国的海域管理体制经历了重大发展和变革。1988年,国务院明确了国家海洋局作为海洋综合管理部门的地位,从而拉开了海域综合管理的帷幕。①

2016年,国家海洋局作为我国深海海底区域资源勘探、开发活动的管理者被《深海法》确定为我国国家海洋主管部门,《许可管理办法》自然也将国家海洋局认定为我国深海海底区域资源勘探、开发活动的许可、审查、监督、管理机关。但是,这种情况在2018年发生了改变。2018年3月13日,第十三届全国人民代表大会第一次会议通过国务院机构改革方案,组建自然资源部,不再保留国土资源部、国家海洋局。自然资源部对外保留国家海洋局牌子。② 目前,深海海底区域资源勘探、开发活动的管理机关还没有得到官方确认,但无论如何,《许可管理办法》将国家海洋局作为我国深海海底区域资源勘探、开发活动的主管机关将成为历史,需待主管机关明确后再行修订。

---

① 薛桂芳、于海涛:《论我国地方海洋行政管理体制的优化》,《海洋环境科学》2016年第3期,第438页。

② "国务委员王勇向十三届全国人大一次会议作关于国务院机构改革方案的说明",国务院网,http://www.gov.cn/xinwen/2018-03/13/content_5273653.htm,最后访问日期:2018年5月3日。

第二节　深海海底区域资源勘探开发
样品、资料管理暂行办法

　　我国在深海海底区域资源实践过程中,设立了大洋数据管理中心和中国大洋样品馆,依据中国大洋协会制定的《大洋资料管理规定》《大洋样品管理条例》等行业规范性文件的规定,其承担了深海海底资料和样品管理的职责,并隶属于国家海洋局。随着我国深海事业的发展,我国从事深海海底区域资源调查、勘探及相关活动的主体呈现出多元化的态势,亟须对深海活动取得的资料和实物样本进行规范化管理。建立深海活动获取的资料和实物样本汇交、登记保管和利用制度,推进深海资料和实物样本共享、提高资料和实物样本使用效益,对于促进深海科学技术交流、合作及成果共享具有重要意义,是推进深海科学技术研究、资源调查,提升深海海底区域资源勘探、开发和海洋环境保护能力的重要举措。《深海法》第18条规定:"从事深海海底区域资源调查活动的公民、法人或者其他组织,应当按照有关规定将有关资料副本、实物样本或者目录汇交国务院海洋主管部门和其他相关部门。负责接受汇交的部门应当对汇交的资料和实物样本进行登记、保管,并按照有关规定向社会提供利用。承包者从事深海海底区域资源勘探、开发活动取得的有关资料、实物样本等的汇交,适用前款规定。"

　　该条对承包者在深海海底区域资源勘探、开发活动中取得的资料和实物样本的汇交作出了规定。一方面,从事深海海底区域资源调查及资源勘探、开发活动的公民、法人或者其他组织应按有关规定将有关资料副本、实物样本或者目录汇交国务院海洋主管部门和其他相关部门,这是国家对深海海底区域从事资源调查、勘探和开发活动主体的明确要求,也是我国作为《海洋法公约》缔约国者,履行担保义务对深海海底区域活动进行有效监管的手段。另一方面,负责接受汇交的部门应当对汇交的资料和实物样本或目录须进行登记、保管,并按照有关规定向社会提供利用。这是对管理机构规范管理深海资料和实物样本,促进深海资料和实物样本共享利用的明确要求,体现了我国推进、鼓励深海科学技术研究和资源调查的立法目的。

　　2017年12月29日,国家海洋局分别印发了《深海海底区域资源勘探开发

样品管理暂行办法》①(简称《样品管理办法》)和《深海海底区域资源勘探开发
资料管理暂行办法》(简称《资料管理办法》)。②

一、深海海底区域资源勘探开发样品、资料的汇交管理

(一)深海海底区域资源勘探开发样品、资料汇交管理机构和体制

《样品管理办法》和《资料管理办法》规定:国家实行深海样品、资料的统
一汇交与集中管理制度。国家海洋局主管全国深海样品、资料的汇交工作,负
责全国深海样品(资料)管理的监督与协调。

在样品汇交方面,国家海洋局需组织制定深海样品管理的指导政策、相关
制度和技术标准,监督检查深海样品管理指导政策、相关制度和技术标准的实
施,负责审定对外公布的深海样品目录。③ 深海样品的具体管理工作由国家海
洋局深海样品管理机构负责,其履行职责包括:研究、拟订深海样品日常管理
工作制度和相关标准;负责全国深海样品的接收、分类整理、编码登记、处理加
工、安全保存和共享使用;开展深海样品管理及与之相关的应用技术方法研
究;建设和维护深海样品库,保障样品安全;建设、维护和业务化运行深海样品
管理信息系统与共享服务平台,编制、发布深海样品目录;面向社会提供深海
样品委托代管、处理加工等服务;开展深海科学普及活动,向社会提供展品服
务;配合相关部门实施深海样品国际交换任务;定期向国家海洋局提交工作报
告等。④

在资料汇交方面,国家海洋局需组织制定深海资料管理的指导政策、相关
制度和技术标准,负责审定深海资料分类定级的相关标准,负责审定对外公布
的深海资料目录。⑤ 深海资料的具体管理工作由国家海洋局深海资料管理机
构负责,履行职责包括:研究、拟订深海资料有关具体管理措施和技术标准规

① "国家海洋局关于印发《深海海底区域资源勘探开发样品管理暂行办法》的通知",
参见中国大洋协会网,http://www.comra.org/2018-01/04/content_40131051.htm,最后
访问日期:2018年3月16日。
② "国家海洋局关于印发《深海海底区域资源勘探开发资料管理暂行办法》的通知",
参见中国大洋协会网,http://www.comra.org/2018-01/04/content_40131061.htm,最后
访问日期:2018年3月16日。
③ 《样品管理规定》第4条。
④ 《样品管理规定》第5条。
⑤ 《资料管理规定》第4条。

范;负责全国深海资料的接收、汇集、整理、处理、保管和服务;办理深海资料汇交证明;编制和定期发布深海资料目录清单,建立和维护深海资料数据库,开展深海资料管理与应用技术研究;研发面向深海海底区域活动应用需求的信息产品;负责建设、维护和业务化运行深海资料与信息管理共享服务平台,根据有关规定及时提供资料与信息服务;配合相关部门实施深海资料国际交换任务,定期向国家海洋局提交工作报告;接受国家海洋局档案部门监督和指导等。①

　　《样品管理办法》和《资料管理办法》规定了对我国深海海底区域资源勘探开发样品、资料实行分类汇交的制度。按照经费来源及承担任务类型,对深海样品实行分类管理,一类是由国家财政经费支持,从事深海海底区域资源勘探、开发和相关环境保护、科学技术研究、资源调查及相关涉外合作与交流等活动中获取的各类深海样品(简称"国家深海样品")。另一类由其他来源经费支持,从事深海海底区域资源勘探、开发和相关环境保护、科学技术研究、资源调查及相关涉外合作与交流等活动中获取的各类深海样品(简称"其他深海样品")。② 深海资料情况类似,按照经费来源及承担任务类型,深海资料分为两类:一类是由国家财政经费支持,从事深海海底区域资源勘探、开发和相关环境保护、科学技术研究、资源调查以及涉外合作与交流等活动中获取的各类深海资料(简称"国家深海资料")。另一类是由其他来源经费支持,从事深海海底区域资源勘探、开发和相关环境保护、科学技术研究、资源调查活动以及涉外合作与交流等活动获取的各类深海资料(简称"其他深海资料")。③《样品管理办法》和《资料管理办法》对我国深海海底区域资源勘探开发资料、样品的汇交范围、时限、程序等方面都分别作出了规定。④

　　(二) 深海海底区域资源勘探开发样品汇交程序
　　在汇交范围上,国家深海样品需汇交:样品及目录清单;样品采集、分取使用、处理加工、分析测试等信息记录文件;样品分析测试报告及整编数据;航次现场报告、航次报告等。其他深海样品只需汇交样品或样品目录。不具备

① 《资料管理规定》第 5 条。
② 《样品管理规定》第 7 条。
③ 《资料管理规定》第 7 条。
④ 以下以资料汇交为例论述,样品汇交的范围、时限、程序等,参见《样品管理规定》。

深海样品保存条件与共享服务能力的,应汇交深海样品。对涉及国家利益和战略需求的深海样品,应当按照国家深海样品汇交内容进行汇交。国家鼓励其他深海样品参照国家深海样品汇交内容进行汇交。①

国家深海样品的汇交时限按照不同情况分别处理。航次调查获取的样品、现场矿石分析副样;样品采集、航次现场分取使用、处理加工与分析测试信息记录文件;航次现场样品分析测试报告及整编数据;航次现场报告等应在航次现场验收前汇交。不进行航次验收的,应在航次结束后 1 个月内汇交。矿石分析副样;样品处理加工与分析测试信息记录文件;样品分析测试报告及整编数据;航次报告等应在任务验收前汇交。不进行任务验收的,应在航次结束后两年内汇交。涉外合作与交流获取的样品及相关信息记录,应在活动结束后 1 个月内汇交。其他深海样品原则上参照国家深海样品汇交时限汇交,具体汇交时限可由汇交人与深海样品管理机构协商确定。②

(三) 深海海底区域资源勘探开发资料汇交程序

在汇交范围上,国家深海资料需要汇交原始资料、③成果资料④和实物样品信息。⑤ 其他深海资料需汇交各类原始资料、成果资料和实物样品信息的目录清单。对涉及国家利益和战略需求的深海资料,应当按照国家深海资料的汇交内容进行汇交。国家鼓励其他深海资料参照国家深海资料汇交内容进行汇交。⑥

在汇交时限上,国家深海资料按照不同资料类型设置不同时限。深海海底区域资源勘探、开发和相关环境保护、科学技术研究、资源调查活动产生的原始资料及其成果资料,应按照航次设计、项目实施方案和相关资料管理规定

---

① 《样品管理规定》第 8 条。

② 《样品管理规定》第 9 条。

③ 原始资料,即深海海底区域资源勘探、开发和相关环境保护、科学技术研究、资源调查活动产生的现场记录、仪器自记录原始数据和配置文件、处理形成的标准化数据,以及仪器附带软件和相关技术说明材料等资料;国际交换与合作资料;搜集和购置资料等。参见《资料管理规定》第 8 条第 1 款。

④ 成果资料,即在原始资料基础上加工形成的数据产品、图件产品、相关报告,以及相关技术说明材料。参见《资料管理规定》第 8 条第 1 款。

⑤ 实物样品信息,即实物样品的数量、保管状况的目录清单及使用深海实物样品进行分析、测试、鉴定等所获取的资料。参见《资料管理规定》第 8 条第 1 款。

⑥ 《资料管理规定》第 8 条。

中的时限进行汇交。通过外事活动、国际合作或交流获取的深海资料,在活动结束1个月内汇交。使用财政资金购置的深海资料,应在每年3月份汇交上年度资料。实物样品信息,应在每年3月份汇交上年度目录清单。样品分析测试数据,原则上在活动/任务/项目结束后一年内完成汇交。其他深海资料原则上参照国家深海资料汇交时限汇交,具体汇交时限可由汇交人与深海资料管理机构协商确定。①

　　资料汇交需按照一定步骤进行。对于国家深海资料,资料汇交第一步需要资料准备,即汇交单位按照相应的技术标准规范,完成需汇交资料的整理和内部查验。第二步进行资料交接,即汇交单位与深海资料管理机构进行资料交接,深海资料管理机构开具深海资料交接凭证。第三步进行技术查验,即深海资料管理机构对接收的深海资料从齐全性、完整性、规范性、可读性、安全性及数据质量等方面开展技术查验,并将发现的问题及时反馈汇交单位。汇交单位须在接到反馈后的20个工作日内给予答复和解决,并完成重交或者补交。第四步进行技术查验报告,即深海资料管理机构于资料交接后1个月内向国家海洋局提交技术查验报告,并抄送资料汇交单位。必要时,组织专家对汇交资料进行抽查和评审。第五步为开具汇交证明。国家海洋局批准技术查验报告后,深海资料管理机构在5个工作日内开具深海资料汇交证明。其他深海资料汇交的步骤较为简略,首先进行资料准备,汇交单位按照相应的技术标准规范,完成需汇交资料目录清单或资料的整理和内部查验。然后进行资料交接,汇交单位与深海资料管理机构进行资料目录清单或资料交接,深海资料管理机构开具深海资料交接凭证。②

二、深海海底区域资源勘探开发样品、资料的保管和共享

　　深海海底区域资源勘探开发活动中获得的样品资料珍贵,具有特殊性,需要规范管理,确立行之有效的保管程序,以确保样品、资料得到有效控制和保护。《深海法》要求深海资料和实物样本按照有关规定向社会提供利用。向社会提供利用是《深海法》在制定过程中经过反复讨论的内容,也历经了修

---

① 《资料管理规定》第9条。
② 《资料管理规定》第11条。

改,①对于提高深海资料和实物样本的使用效益,促进深海科学技术交流、合作及成果共享以及普及深海科学知识具有重要意义。"按有关规定"是应在国务院海洋主管部门制定的相关管理办法中作出深海资料和实物样本向社会提供利用的有关规定,明确对深海资料和实物样本申请与使用的要求。包括深海资料和实物样本使用申请的基本条件;深海资料和实物样本分类使用管理,明确区分公开与非公开深海资料和实物样本;规范深海资料和实物样本使用申请、审查、结果等环节;深海资料和实物样本使用人的责任以及相关义务;在向社会提供利用过程中充分尊重深海资料和实物样本汇交人的意愿、保护汇交人的正当权益。

(一)深海海底区域资源勘探开发样品的保管和共享

深海样品的管理主要在于规范深海样品管理机构的管理行为。深海样品管理机构应建立符合国家有关标准规范的深海样品保管场所,配备专业技术人员,配置必要的设施设备,建立健全深海样品接收、样品整理、安全保存、共享服务、数据整合工作制度,具备深海样品安全保存、信息化管理与共享服务能力。在接收深海样品后,深海样品管理机构应按照有关标准规范,对接收的深海样品进行分类整理、编码登记、封装标识,建立馆藏样品目录,并按保存要求,存入相应环境条件的样品库房。由汇交人自行保管的其他深海样品,应参照前款规定整理保存样品。深海样品管理机构应及时编制整理深海样品目录,经国家海洋局审定后发布。为了确保深海样品管理信息系统相关数据完整、准确,深海样品管理机构还应对样品采集、分取使用、处理加工、分析测试等信息记录进行检查校对,按照有关标准,对样品管理相关文档进行分类整理、编目立卷,建立文档目录清单。为了确保深海样品的安全保存,确保深海样品、信息数据的安全。深海样品管理机构应建立安全管理与应急预警机制。②

在样品的共享上,深海样品管理机构应提供深海样品共享服务,并通过网络实现馆藏样品目录及汇交人自行保管的其他样品目录的远程浏览、在线申请及分取进程查询。③ 深海样品管理机构应当按规定保管深海样品,既不

---

① 《汇交资料应向社会提供利用》,《法制日报》2016年2月25日,第3版。
② 《样品管理规定》第13—18条。
③ 《样品管理规定》第17条。

得非法披露、提供利用保护期内的深海样品，也不得封锁公开的深海样品。① 如果想使用深海样品，需提出申请，并提供证明申请人承担任务及所需样品类型、数量等信息的申请材料。申请使用样品必须符合一定条件，即申请人应承担特定任务，②具备使用样品的必要性。深海样品管理机构收到样品使用申请后，应对申请进行查验，结合可分配馆藏样品及使用成果情况，编制样品分取方案，报送国家海洋局审定。收到国家海洋局答复意见后，深海样品管理机构一般应在 15 个工作日内完成样品分取。③

在申请到样品后，在样品的使用上也有程序规范。申请深海样品用于深海海底区域资源勘探、开发和相关环境保护、科学技术研究、资源调查活动的，应按要求汇交深海样品使用成果；公开发表成果的，应标明资助采样航次或采样任务。对国家资助的深海海底区域资源勘探、开发和相关环境保护、科学技术研究、资源调查活动，样品使用成果汇交合格，方可进行结题验收。申请深海样品用于科普、教学任务的，应提交工作总结报告，说明样品使用情况、受众人数，以及所组织与样品有关的活动情况。公开展示深海样品的，应标明资助采样航次或采样任务。此外，申请使用深海样品，应遵守国家有关法律、法规及政策。汇交深海样品使用成果时，应同时返还未使用的深海样品，使用人不得自行丢弃、转让、交换、出售深海样品或将深海样品用于其他非申请目的。④

（二）深海海底区域资源勘探开发资料的保管和共享

深海资源的保管为深海资料管理机构提出了要求，深海资料管理机构需对各类深海资料进行分类管理，定期复制，并实行同城和异地备份，永久保存。对符合归档条件的资料，应定期向中国海洋档案馆移交。⑤ 深海资料管理机构须配备专业技术人员，配置深海资料保管设施，建立健全深海资料的接收、整

①　《样品管理规定》第 21 条。
②　《样品管理规定》第 23 条规定：使用深海样品，应承担如下任务之一：（1）深海海底区域资源勘探、开发和相关环境保护、科学技术研究、资源调查航次现场报告、航次报告编写；（2）深海海底区域资源勘探、开发和相关环境保护、科学技术研究、资源调查任务相关研究项目、课题；（3）深海海底资源矿区申请或相关报告编写；（4）研究深海相关科学问题的其他研究项目或课题；（5）教学、科普展示等公益事业。
③　《样品管理规定》第 25 条。
④　《样品管理规定》第 27、28 条。
⑤　《资料管理规定》第 12 条。

理、保管和利用等管理制度,具备建立深海资料信息系统和提供深海资料社会化网络服务的能力。同时,深海资料管理机构应当利用现代信息化技术,对接收的深海资料进行分析、审核、处理、加工和挖掘,建立深海资料数据库和深海资料与信息共享服务平台。①

在深海资料的共享方面,首先需确定深海资料共享的范围。深海资料按照公开资料和非公开资料两类进行使用管理,公开资料是指经国家海洋局审定,由深海资料管理机构按照规定在深海资料公众平台上提供免费下载的资料。非公开资料是指涉及国家政治、经济利益,属于国家秘密及保护期内的资料,仅在特定的用户范围和应用领域内使用。②

申请使用深海资料须符合一定条件。申请人需承担国家深海资源评价或综合评价工作,或者承担国家科研项目,或者是开展公务活动的有关政府部门,或者与国家海洋局合作开展的有关业务和科研项目,或者经国家海洋局书面授权,可以获取深海资料的教育机构和社会团体,或者在不违反国家有关法律法规的前提下,用于商业活动、国际合作交流等活动。③ 申请使用非公开深海资料,还须按照一定步骤进行:一是资料申请,需要使用非公开深海资料的单位和个人,需向深海资料管理机构提出申请,并提交材料。④ 二是形式查验。深海资料管理机构收到申请材料后,在 3 个工作日内对申请材料是否齐全、规范、合法进行形式查验。未通过形式查验的,应通知申请人,并说明需要补充的材料。三是技术查验。通过形式查验的,深海资料管理机构针对所申请使用的深海资料,在 15 个工作日内完成技术查验。⑤ 四是征求意见阶段,属于保护期的资料,深海资料管理机构需要征求资料汇交人的意见。五是出具查验结果。通过技术查验的,深海资料管理机构出具技术查验报告,报国家海洋局审定。未通过技术查验的,退还申请材料。⑥

---

① 《资料管理规定》第 13 条。

② 《资料管理规定》第 17 条。

③ 《资料管理规定》第 19 条。

④ 材料包括:(1)深海资料使用申请书;(2)单位证明、申请人身份证明;(3)经办人身份证明及复制件、授权委托证明;(4)经批准的申请深海资料所用项目的任务合同书、实施方案、已经掌握的相关资料等材料。参见《资料管理规定》第 20 条。

⑤ 技术查验的内容包括:(1)资料使用目的、使用期限是否合理;(2)资料的要素、范围、精度和比例尺是否客观;(3)其他内容。参见《资料管理规定》第 20 条。

⑥ 《资料管理规定》第 20 条。

三、样品、资料管理规定的不足与改进建议

目前,我国对深海海底区域资源勘探开发样品、资料的管理是采用了二元体制,即按照经费来源及承担任务类型,把深海样品分为国家深海样品和其他深海样品,以及国家深海资料和其他深海资料。对国家深海样品、资料的汇交是强制性的,而对其他深海样品和资料则是自愿性的。汇交范围、时限、程序等方面都不尽相同。

深海资料和实物样本的汇交制度是进行资料和实物样本有效管理的基本制度。《深海法》第18条明确规定汇交人是从事深海海底区域资源调查及资源勘探、开发活动的公民、法人或者其他组织,汇交范围是深海海底区域资源调查及资源勘探、开发活动取得的资料副本、实物样本或者目录,包括与深海海底区域资源调查及勘探、开发相关的环境保护、科学技术研究等活动取得的资料副本、实物样本或者目录,这是因为这些活动是深海海底区域资源调查、勘探、开发不同阶段活动所涵盖的重要内容和基础工作。该条表明尽管深海海底区域活动主体身份各异,活动资金渠道可能不同,但是,只要是从事深海海底区域资源调查、勘探、开发和相关活动,我国公民、法人或者其他组织均有义务按照该条要求和国务院海洋主管部门的相关规定将上述活动取得的资料副本、实物样本或者目录汇交国务院海洋主管部门和其他相关部门。这既是从事深海海底区域资源调查及勘探、开发和相关活动的我国公民、法人和其他组织应尽的义务,也是《深海法》所具有的约束力。

此外,在深海样品、资料汇交体制上,国务院海洋主管部门是深海资料和实物样本的主管部门,负责深海资料和实物样本的汇交、保管、利用的监督管理,主要职能包括:研究制定、审批和发布深海资料和实物样本管理的规章制度、办法和技术标准规范;管理国家深海资料和实物样本专门管理机构,指导其业务工作;监督与协调全国深海资料和实物样本汇交与管理工作;监督检查深海资料和实物样本管理法规的实施;组织建立国家深海资料和实物样本信息系统;组织深海资料和实物样本的国际交流,协调国内交流和利用等。

其他相关部门包括国务院海洋主管部门指定的管理深海资料和实物样本的专门机构,也可包括授权或委托管理深海资料和实物样本的相关部门。国务院海洋主管部门指定的管理深海资料和实物样本的专门机构可以在我国大

洋数据管理中心和中国大洋样品馆的基础上,赋予其管理深海资料和实物样本的专门任务。深海资料和实物样本专门机构的主要任务包括:承担深海资料和实物样本的接收、汇集、整理、处理、保管和服务,编制深海资料和实物样本目录清单,建立和维护深海资料和实物样本库;建设、维护和运行深海资料和实物样本信息管理共享服务平台,及时提供资料与信息服务;拟定深海资料和实物样本有关管理规章制度、办法和技术标准规范;接受国务院海洋主管部门的监督检查。

基于我国从事深海活动主体多元且隶属于不同行业与部门的现状,为履行国务院海洋主管部门管理深海资料和实物样本的相关职能,其他相关部门包括经国务院海洋主管部门授权或者委托的其他行业与部门的深海资料和实物样本的管理单位。按照统一管理、分工负责的原则,授权或委托的管理深海资料和实物样本的相关单位承担本行业和部门的深海资料和实物样本管理,纳入国务院海洋主管部门对深海资料和实物样本的统一管理。其主要职责除了按照本行业和部门规章管理相关资料和实物样本之外,应按照国务院海洋主管部门授权或委托协议的要求,及时将本行业与部门取得的深海资料副本、实物样本或者目录汇交国家管理深海资料和实物样本的专门机构,接受国务院海洋主管部门对深海资料和实物样本管理的监督检查。

第八章　中国深海法律体系的制度构建

　　本章主要是对我国尚未出台的深海配套法律法规进行规划和分析,包括"深海海底区域勘探开发活动环境保护管理办法""促进深海科学技术发展和人才培养的指导意见"以及"深海海底区域资源勘探开发活动应急处置管理办法"等内容。本章连同第七章内容建立在前六章内容之上,提出了构建中国深海法律体系的基本框架。

第一节　深海海底区域勘探开发 环境保护管理办法

　　《深海法》以专章的形式规定了承包者在深海海底区域进行勘探开发活动时保护海洋环境的义务。一是对承包者保护海洋环境的原则规定和要求。采取必要措施防止、减少、控制在勘探、开发区域内的活动对海洋环境造成污染和其他危害。二是对承包者确定环境基线、进行海洋环境影响评估、制定和执行环境监测方案以及保护海洋生物多样性的具体要求。三是要求承包者采取必要措施保护和保全稀有或者脆弱的生态系统等。

　　在深海海底区域资源勘探、开发领域,国际海底管理局应制定并定期审查环境规则、规章和程序,以确保有效保护海洋环境,使其免受"区域"内活动可能造成的有害影响,并应与担保国一起按照国际海底管理局法律技术委员会的建议对这些活动采取预防方法。深海海底区域勘探合同要求承包者收集海洋和环境基线数据,建立环境基线,供对照评估其勘探工作计划的活动方案很可能对海洋环境造成的影响,及要求承包者制定监测和报告这些影响的方案。承包者应与管理局和担保国合作制定和执行这种监测方案。每年承包者应报告环境监测方案的结果。此外,在提出请求核准勘探工作计划的申请时,申请者应提交关于按照相关的规章及管理局制定的任何环境规则、规章和程序,提交关于开展举办的海洋学和环境基线研究方案的说明,并提交关于拟议勘探活动可能对海洋环境造成影响的初步评估。

《深海法》中所规定的对环境影响评估制度和监测制度在国际海底管理局出台的规章中都有相关规定。因此,实施这些环境保护措施既是承包者作为合同方履行其对国际海底管理局的环保义务,也是其作为被许可人所应当履行的国内法义务。

一、海洋环境影响评估和监测制度

承包者应当按照合同的约定和要求、国务院海洋主管部门规定调查研究勘探、开发区域的海洋状况,搜集自然状态下的海洋相关数据,确定环境基线。具体来说,承包者需要参照国际海底管理局法律技术委员会的建议,收集环境基线数据并确定环境基线,供对比评估其勘探工作计划所列的活动方案可能对海洋环境造成的影响。合同要求,在开始勘探活动之前,承包者应向管理局提交可用于制定环境基线的数据,并应依照规章,随着勘探活动的不断深入和发展,收集环境基线数据,确定各种环境基线,以此来对照评估承包者的活动可能对海洋环境造成的影响。[①]

在法律和技术委员会出台的《关于承包者评估"区域"内海洋矿物勘探活动可能对环境造成的影响的指南》中,要求承包者应从勘探区域取得足够信息,记录试采前的自然状况,了解颗粒扩散和沉淀以及底栖动物演替等自然过程,采集其他数据,以便能获得准确预测环境影响的必要能力。周期性自然过程可能对海洋环境有重要影响,但没有很好地量化。因此,应尽可能长期了解海洋表层、中层水和海床群落对自然环境变数的自然反应。关于基线数据要求,为了根据规章的相关规定确定勘探区的环境基线,承包者应利用可获得的地理信息系统等最佳技术,并在制定采样策略时利用健全的统计收集数据,以确定物理、化学、生物和其他等参数的基线状况,这些能表征生态系统特征的参数可能会受到勘探和试采活动影响的系统特性。记录试采前

---

① 《关于承包者评估"区域"内海洋矿物勘探活动可能对环境造成的影响的指南》(ISBA/19/LTC/8),第 13、14、15、16 条。

自然状况的基线数据十分重要,可以检测试采影响带来的变化和预测商业采矿活动的影响。

环境影响评估贯穿深海海底区域资源勘探、开发活动整个过程,包括勘探、开发活动本身,以及期间特定活动开始前的预评估、活动进行过程中的事中评估和活动结束后的后评估工作。承包者应按照勘探、开发合同的约定和要求、国务院海洋主管部门规定评估勘探、开发活动可能对海洋环境的影响,按照预防性做法,在开始勘探、开发活动之前,向国务院海洋主管部门和国际海底管理局提交关于拟议活动对海洋环境潜在影响的评估、关于确定拟议活动对海洋环境潜在影响的监测方案的建议以评估拟议活动影响的数据。国际海底管理局法律技术委员会勘探环境指南要求承包者在开始特定活动,例如,进行开采装备或采矿试验活动之前1年、管理局年会举行前3个月,应向管理局秘书长提交此类活动的事前环境影响评估报告和相关资料,有关监测方案则必须包括如何评估采矿试验活动环境影响的细节。承包者在勘探阶段应随着勘探活动的不断深入和发展,收集环境基线数据并确定环境基线,以供对比评估承包者的活动可能对环境造成的影响。①

承包者应当按照合同的约定和要求、国务院海洋主管部门规定,制定和执行环境监测方案,监测勘探、开发活动对勘探、开发区域海洋环境的影响,并保证监测设备正常运行,保存原始监测记录。

承包者需监测和报告其勘探工作计划所列的活动方案可能对海洋环境造成影响的方案。承包者应与管理局和担保国合作制定并执行这种监测方案。承包者应每年以书面方式向秘书长报告监测方案的执行情况和结果,并提交数据和资料。在开始勘探活动之前,承包者应向管理局提交关于拟议活动对海洋环境潜在影响的评估数据。承包者应制定和执行关于监测和报告对海洋环境的影响的方案。承包者应与管理局合作实施此监测。最后,承包者应于每一日历年结束后的90天内向秘书长报告本监测方案的执行情况和结果,并提交数据和资料。②

---

① 《关于承包者评估"区域"内海洋矿物勘探活动可能对环境造成的影响的指南》(ISBA/19/LTC/8),第26、27条。

② 《关于承包者评估"区域"内海洋矿物勘探活动可能对环境造成的影响的指南》(ISBA/19/LTC/8),第29、30条。

二、保护生物多样性

由于自然资源的合理利用和生态环境的保护是人类实现可持续发展的基础,生物多样性的研究和保护已经成为世界各国普遍重视的一个问题。无论是联合国还是世界各国政府每年都投入大量的人力和资金开展生物多样性的研究与保护,一些非政府组织也积极支持和参与全球性的生物多样性的保护工作。出于对海底生物多样性的关切,国际社会正在制定相关国际条约规定,以管理生物多样性的问题。我国是地球上生物多样性最丰富的国家之一,对生物多样性的保护方面一贯高度重视,1993 年,我国加入《生物多样性公约》,[①]积极履行保护生物多样性义务。由于科技和认识的局限,人类目前对深海生物多样性知之甚少,在进行深海海底勘探活动中,应当按照环境预警原则、最佳环境做法进行深海海底勘探活动。

第一,深海海底区域资源勘探、开发活动者必须采取必要措施,保护和保全稀有或者脆弱的生态系统,以及衰竭、受威胁或者有灭绝危险的物种和其他海洋生物的生存环境。生态系统是由生物群落及其生存环境共同组成的动态平衡系统。不同等级的海洋生态系统构成大的生态系统,每一个生态系统都有其空间分布,并包含着相互作用、紧密联系、共存共生的生物与非生物,通过能量流动和物质循环,从而构成具有特定的结构和功能的统一体,只有在一定的时间和相对稳定的条件下,生态系统的各部分、内部结构、物能运动等才能处于相互适应与协调的动态平衡之中,生态系统才能达到良性循环状态。[②] "海洋生态系统"是指在一定时间和海洋空间范围内,海洋生物和非生物的成分之间,通过不断的物质循环、能量流动和信息联系而相互作用、相互依存的统一整体。[③] 而在一定空间的各种海洋生物的总和又被称为海洋生物群落,因此,海洋生态系统可以概括为海洋生物群落与其生存环境构成的综合

---

① 《生物多样性公约》(Convention on Biological Diversity)是一项保护地球生物资源的国际性公约,于 1992 年 6 月 1 日由联合国环境规划署发起的政府间谈判委员会第七次会议在内罗毕通过。1992 年 6 月 5 日,由签约国在巴西里约热内卢举行的联合国环境与发展大会上签署。公约于 1993 年 12 月 29 日正式生效。

② 赵淑江、吕宝强、王萍、刘健:《海洋环境学》,海洋出版社 2011 年版,第 56 页。

③ 张皓若、卞耀武:《中华人民共和国海洋环境保护法释义》,法律出版社 2000 年版,第 78 页。

体。不同层次的海洋生态系统的健康是维护整个海洋生态平衡的关键。海洋生态的保护应当根据不同的保护对象采取相应的措施,例如,建立保护区、控制污染、合理开发海洋生物资源等。海洋生态环境是海洋生物生存和发展的基本条件,生态环境的任何改变,都有可能导致生态系统和生物资源的变化,海水的有机统一性及其流动交换等物理、化学、生物、地质的有机联系,使海洋的整体性和组成要素之间密切相关,任何海域某一要素的变化(包括自然的和人为的),都不可能仅仅局限在产生的具体地点上,有可能对邻近海域或其他要素产生直接或间接的影响和作用。生物依赖于环境,环境影响生物的生存和繁衍。当外界环境变化量超过生物群落的忍受限度,就会直接影响生态系统良性循环,从而造成生态平衡的破坏。①

随着科学技术的发展和人类探寻深海资源的进程的加快,人类不断加深对深海底生物多样性的认识。人类对深海环境的认识已日益清楚表明深海生物多样性与深海矿产资源所处的环境紧密联系,彼此不可分离。不仅如此,科学研究也显示出,生物活动过程,尤其是多金属硫化物聚集的海底热液喷口附近的生态系统是深海矿物矿化过程中的重要因素。为此,承包者必须采取措施保护和保全稀有或脆弱的生态系统,以及衰竭、受威胁或有灭绝危险的物种和其他形式的海洋生物的生存环境,还应防止、减少和控制由于在其管辖或控制下使用技术而造成的海洋环境污染,或由于故意或偶然在海洋环境某一特定部分引进来的新物种。

第二,深海海底区域资源勘探、开发活动者必须保护海洋生物多样性,维护海洋资源的可持续利用。生物多样性是指所有来源的活的生物体中的变异性,这些来源除其他外,包括陆地、海洋和其他水生生态系统及其所构成的生态综合体;包括物种内、物种之间和生态系统的多样性。海洋生物多样性的减少,是人类生存条件和生存环境恶化的显著标志。这一恶化趋势目前还在加速过程中,其影响固然直接危及当代人的利益,但更为主要的是对后代人未来持续发展的积累性后果。人类不能等到生物多样性减少到难以维持最起码的生态平衡需要、生存环境发生崩溃、持续发展产生"断层"时才去保护海洋生态,现在我们必须加强海洋生态环境保护,持续利用海洋资源。

---

① 张皓若、卞耀武:《中华人民共和国海洋环境保护法释义》,法律出版社 2000 年版,第 137 页。

可持续发展原则已经受到广泛认同,作为协调环境和发展的精神指标。在国际环境法中,通过诸多国际条约、宣言的实践,可持续发展已经具有国际习惯法的地位。① 该条规定强调当代人在开发和利用深海资源的过程中应当不能威胁后代人对此种资源的利用。《海洋法公约》规定:深海海底区域及其资源是人类共同继承财产,这里的人类包括后代人。代际公平是可持续发展的一个重要内容,从这个意义上说,可持续发展原则也起到了协调当代人和后代人之间利益冲突的作用。

第二节　促进深海科学技术发展和人才培养的指导意见

目前,我国的深海科学技术研究水平、深海资源调查的效率和效益与发达国家相比,仍存在较大差距。为此,《深海法》的一个重要立法目的就是推进深海科学技术研究和资源调查。② 在此基础上,《深海法》以专章的形式对鼓励深海科学技术研究和资源调查作出明确规定。国家支持深海科学技术研究和专业人才培养,将深海科学技术列入科学技术发展的优先领域,鼓励产业合作和企业进入深海;国家支持深海公共平台建设和运行,开展深海科学普及活动;建立深海资料样本汇交和利用制度等,通过具体的政策和措施提升深海海底区域资源勘探、开发和海洋环境保护能力。为此,出台促进我国深海科学技术发展和人才培养的指导意见非常必要。其主要内容应包括国际合作、产业培育、建立共享合作机制与构建深海人才培养体系等内容。

一、深海海底区域国际合作

深海海底区域活动的最显著特点是其国际性,开展深海海底区域活动应当遵守以人类共同继承财产原则为基石的国际法律制度和国际海底管理局的管理。深海又是科学技术研究和创新的前沿领域,深海活动对促进地球科学、

---

① 王曦:《国际环境法》,法律出版社 2005 年版,第 47—48 页。
② 《深海法》第 1 条规定:为了规范深海海底区域资源勘探、开发活动,推进深海科学技术研究、资源调查,保护海洋环境,促进深海海底区域资源可持续利用,维护人类共同利益,制定《深海法》。

生命科学和高新技术装备的发展意义重大。深海海底区域远离陆地,资源勘探、开发及相关活动对科学技术、相关支撑装备要求高,同时涉及海洋环境保护、其他海洋权利的行使等,一些问题的解答必须依靠各国共同的努力和广泛的合作。

我国鼓励和支持在深海海底领域的国际合作,一方面,我国的深海科学技术研究水平和深海资源勘探、开发能力建设与发达国家相比,在深海基础科学研究、技术装备研发以及在参与深海规则标准制定等方面仍存在较大差距。① 无论在理论上还是技术上,美国、欧盟等发达国家均处于领先地位。国际合作有利于使我国深海科学研究、技术装备发展、海洋环境保护以及参与规则制定等方面的能力在较短的时间内达到国际水平;另一方面,我国作为发展中大国和从事深海海底区域资源勘探、开发活动的主要国家之一,负有协助国际机构推进深海科学技术交流与合作、传播深海科学研究成果、为发展中国家培训人才的义务与责任,遵循深海活动国际化的特点,有效利用我国深海活动的优势与资源,建立"以我为主、互惠互利、长期有效"的国际合作机制,将提升我国在国际深海事务中的影响力,体现我国大国担当和为人类共同继承财产所做的积极努力与贡献。

合作共享是《深海法》确立的基本原则之一,②也是《海洋法公约》倡导的基本精神,是和平解决海洋问题必不可少的前提。开展深海海底区域的国际合作是实现我国深海战略目标的重要途径。在深海海底区域资源勘探、开发方面,我国公民、法人或其他组织可以联合其他国家实体共同成为深海勘探、开发活动的承包者。通过与其他承包者的技术交流和信息交换等,我国承包者可以学习借鉴其他承包者成功的深海实践和管理经验等,更好地对接国际海底管理局相关规章与指南。我国作为可从深海海底区域取得的各类矿物所产金属的最大消费国,应鼓励国内具有产能优势的企业与国际矿业公司开展务实合作,把控国际金属市场的发展趋势和商业时机的判断,提高深海海底区域资源开发利用的经济效益。此外,深海勘探、开发活动中获取的资料样品交流交换和成果

---

① 陆浩:"关于《中华人民共和国深海海底区域资源勘探开发法(草案)》的说明",中国人大网,http://www.npc.gov.cn/npc/lfzt/rlyw/2015 - 11/09/content_1950725.htm,最后访问日期:2017 年 5 月 22 日。

② 《深海法》第 6 条规定:国家鼓励和支持在深海海底区域资源勘探、开发和相关环境保护、资源调查、科学技术研究和教育培训等方面,开展国际合作。

共享、资源评价及规范标准的设定等领域均具有广阔的国际合作前景。

在勘探开发相关活动方面,深海勘探、开发进程中有关技术装备研发的高投入、高风险、高难度,可促使相关国家在资金、技术等方面的务实合作,以实现"利益共享、风险共担";在海洋环境保护方面,深海海底生物物种丰富,人类目前仍对其知之甚少。通过国际合作扩大研究范围和深度,不断提高人类对深海的科学认知能力和保护海洋环境的能力,是各国科学家的共同愿望。中外科学家可以加强交流,以解决重大环境问题为目标,在海底生物鉴定标准、相关技术研究、构建深海环境体系、海洋保护区建设等方面加强合作。此外,还可以在深海资源调查、深海教育培训等方面进行国际合作。① 除了在深海海底区域活动进行国际合作外,在深海海底区域国际制度方面,政府相关部门、深海科研机构、高校等单位应当与国际海底管理局、相关国家保持密切关系,积极参加有关深海海底区域资源勘探、开发活动的国际会议,加强人员互访,促进深海科学、管理人才交流等。

二、我国深海产业培育

深海资源勘探和资源开发是相辅相成的关系。资源勘探的目的是为了发现资源、评价资源,以及为开发目的而开展的技术装备、环境和市场研究,从而为资源开发奠定物质和技术基础。而资源开发涉及资源开采、产能建设、生产管理、环境监管等多方面。商业化的资源开采更为复杂,它首先是追求利益的活动,因此,商业化的资源开采在遵循市场规律的基础上,要重点考虑投入和产出的关系,而整个深海商业化的资源开采将会在保护海洋环境的基础上,形成一个完整的产业链条,深海相关产业部门之间将会基于深海开采技术经济关联,并依据供需关系和时空布局关系形成深海产业链条式的关系形态。

因此,即使发生在远离大陆的深邃海底,国际海底资源商业开采并非孤立的行为,它将影响、带动整个深海产业链的发展,影响全球金属的供需关系和价格,对国家经济产生重要影响。因此,国际海底区域从勘探阶段发展到开发阶段应当引起我国的重视。与政府介入相对较深的资源勘探行为不同,市场

---

① "中国深海探索让海洋'透明'国际合作是潮流",中国海洋网,http://www.china.com.cn/haiyang/2016 - 06/15/content_38671365.htm,最后访问日期:2017 年 4 月 3 日。

这只无形之手将会在国际海底资源商业化开采时代发挥重要作用,价格机制、供需关系、市场波动等经济因素将扮演追求利润、维护权益的重要手段。

我国在国际海底区域耕耘多年,投入了巨额资金进行资源调查和资源勘探,目的就是为了未来在国际海底区域商业化开采时代能够占据有利地位,为我国的先期投入带来经济回报。因此,在国际海底商业开采时代,我国的国家权益将会发生变化,更多的商业化目标将会融入其中。这也意味着在我国参与深海全球治理过程中,企业将成为我国拓展深海新疆域利益的重要承载者。

《深海法》鼓励科学技术研究开发与产业发展相结合。① 深海海底区域资源勘探、开发活动也是培育和发展深海战略性新兴产业的过程。深海科学技术研究与相关产业的发展相辅相成。深海海底区域资源调查、勘探、开发活动有赖于相关产业的技术装备和产品成果,同时,深海海底区域活动过程也是一个新技术、新装备,包括新型船舶研发、试验、应用、完善的过程,为相关产业提供了新的发展机遇和创新动力。在这一过程中,深海技术装备出现的问题,特别是瓶颈性问题,也正是相关产业和领域可能需要攻克的难点问题。这是一个促进深海科学技术发展、引导产业和市场需求的过程,也是深海科学技术研究与相关产业相互促进的过程。国家鼓励在深海科学技术与相关产业的合作研究,有助于在深海领域推动产业培育和变革,构筑国家在深海海底区域资源利用方面的先发优势,为提升传统产业竞争力、培育依靠创新驱动、构筑先发优势的新型产业提供有力支撑。

三、公共平台和人才培养

我国重视通过公共平台促进不同领域的交流与合作。② 建立深海公共平台是推进深海科学技术研究、资源调查的具体措施,有助于促进深海科学技术交流、共享合作和提升深海资源勘探、开发和海洋环境保护的能力。③

---

① 《深海法》第15条规定:国家支持深海科学技术研究和专业人才培养,将深海科学技术列入科学技术发展的优先领域,鼓励与相关产业的合作研究。

② 《中华人民共和国科学技术进步法》第37条第1款规定:国家对公共研究开发平台和科学技术中介服务机构的建设给予支持。

③ 《深海法》第16条规定:国家支持深海公共平台的建设和运行,建立深海公共平台共享合作机制,为深海科学技术研究、资源调查活动提供专业服务,促进深海科学技术交流、合作及成果共享。

(一) 建立和运行深海公共平台

公共平台涉及领域多、用途广泛。深海公共平台包括各类深海活动的业务平台,也涉及软科学、人才平台。深海公共平台的功能界定既要考虑当前需求,也要兼顾长远发展。《深海法》第 16 条没有直接定义深海公共平台的概念,而是通过描述其基本功能的方式来界定深海公共平台。深海公共平台应当同时满足以下基本功能:① 能够为深海科学技术研究、资源调查活动提供专业服务。② 能够促进深海科学技术交流、合作及成果共享。现阶段,我国的国家深海基地、深海装备试验基地、深海专用调查船和科考船、大洋样品馆、深海资料数据库、大学高校、科研院所等深海重点实验室和人才培训基地都可以称为深海公共平台。未来我国深海事业的发展,对可能形成的深海科技创新平台、深海高技术产业孵化平台、深海信息服务咨询平台、深海人才交流平台等也应符合《深海法》所界定的平台功能。

整合建立深海公共平台是我国推进深海事业的重要抓手,我国需要依法调动深海科研、装备、制造、能源、矿产等诸多行业的积极性,并为这些行业的"协同创新"打造平台并提供法律保障。① 我国采取经济、技术政策和措施,支持多方式、多资金渠道开展深海海底区域活动,其中一项重要举措是深海公共平台的建设和运行。建设深海公共平台,一方面,需要社会各领域关注、鼎力支持,鼓励社会资本投资建设国家相关深海平台;另一方面,需要在国家统一规划下进行,防止浪费国家资源,避免低水平重复建设。深海勘探、开发及环境保护等活动成本高、风险大,对船舶、专业人才、设备等有特殊的要求,深海又是海洋科学技术的最前沿与制高点,应选择国内有前期工作基础和人才、设备等条件优良的单位,建设深海公共研究与资源平台。从深海事业发展需要出发,应积极打造深海科技创新平台、推进建设深海科技成果交易和转化服务平台和高技术产业孵化基地,构建深海信息服务创新平台、搭建深海人才培训、交流平台等,以实现深海各类资源共享和高效利用,提升深海事业的可持续发展能力。国务院海洋主管部门应制定深海公共平台的建设规范和标准,支持符合条件的行业、企业及地方依法依规建设深海公共平台。对已建成的

---

① "引领深海新兴产业发展——《中华人民共和国深海海底区域资源勘探开发法》解读",中国经济网,http://www.ce.cn/xwzx/gnsz/gdxw/201604/07/t20160407_10204603.shtml,最后访问日期:2017 年 8 月 3 日。

深海公共平台应登记造册,促进深海科学技术和各类人才的交流,推进深海样品、数据、船舶、装备等资源共享使用。

国家支持深海公共平台运行,建立深海公共平台共享合作机制,为深海科学技术研究、资源调查活动提供专业服务,促进深海科学技术交流、合作和成果共享。这既表明了建设深海公共平台的目的,也明确了运行深海公共平台的基本要求。国家支持深海公共平台的运行,首先,应规范和完善现有深海船舶、样品、资料和研究等平台的运行,建立优胜劣汰的机制,建立健全深海装备、资料、样品和实验室仪器设备的共享机制,打造具有一定优势和公众影响力的深海公共研究平台。在此基础上,鼓励利用深海公共平台资源从事深海科学技术研究工作,以发挥平台的科学技术研究及应用价值,促进深海人才间的交流与合作。其次,应重视深海海底资源调查、勘探、开发技术成果与信息的数据化与标准化,提高我国与国际接轨的能力和数据资料的共享水平,并以此支撑和提升我国在深海科学技术研究和资源勘探、开发领域的话语权与影响力。通过深海公共平台的有效运行,促进政府、科技界、企业界与公众的深海信息交流,提高数据信息的经济效益与共享程度。

(二)深海人才培养

人才是经济社会发展的第一资源,是创新的根基,创新驱动实质上是人才驱动。[1]人才资源在我国深海战略中发挥着举足轻重的作用。我国在深海领域的专业人才包括从事深海海底资源、环境调查与评价等领域的科学技术人员,开展深海探测、开发和加工设施及设备研发的工程技术人员,以及从事深海管理和国际事务方面的专业人员等。深海人才的数量、质量、结构和作用关系到我国深海事业的兴盛与发展,而深海人才培养则直接关系着深海核心竞争力的提升和发展。

《深海法》第15条明确规定了国家支持深海科学技术研究和专业人才培养,将深海科学技术列入科学技术发展的优先领域,鼓励与相关产业的合作研究。国家支持深海专业人才培养,应坚持把人才驱动作为本质要求,落实人才优先发展战略,在国家层面制定深海专业人才培养的相关政策;建立"以人为本"的深海创新人才培养、管理和流动制度,注重多层次、跨行业、跨专业的人

---

① 习近平:《创新驱动实质上是人才驱动》,《上海科技报》2015年3月10日,第A1版。

才培养。结合深海事业的发展和资源勘探、开发的需求,建立长期稳定的深海专业人才培养体系。

我国支持深海科学技术研究和专业人才培养。我国坚持科学发展观,实施科教兴国战略,实行自主创新、重点跨越、支撑发展、引领未来的科学技术工作指导方针,构建国家创新体系,建设创新型国家。国家鼓励科学技术研究开发,推动应用科学技术改造传统产业、发展高新技术产业和社会事业。[1] 在深海领域,国家支持科学技术研究十分必要。

第一,从科学技术角度看,深海科学涉及地球科学、生命科学等重大理论问题和前沿领域。深海技术包括深海探测和开发技术等,无论是人类对深海的科学认知水平,还是应用的技术手段仍处于比较初级的阶段。

第二,从人类发展角度看,深海空间以及深海资源将是人类可持续发展的重要支撑,围绕深海空间、资源必将形成新的高新技术产业。

第三,从深海资源角度看,深海海底区域资源勘探、开发之前的海上活动,包括资源调查等,很大程度上是以科学研究和科学考察的方式进行,国家支持深海科学技术研究来提高对深海海底区域资源和环境的认知能力,为勘探、开发深海海底区域资源和保护海洋环境奠定良好基础。

我国将深海科学技术列入科学技术发展的优先领域。我国政府明确将"加快发展空天和海洋技术"作为我国未来 15 年必须把握的 5 个科技发展战略重点之一。[2] 随着我国综合国力的提升和海洋强国战略的提出,我国对深海科学技术的发展日益重视。《国民经济和社会发展第十三个五年规划纲要》提出:坚持战略和前沿导向,加强深海、深地、深空、深蓝等领域的战略高技术部署,并提出了"蛟龙探海"等重大海洋工程。据此,我国提出,应突出科学技术创新在国际海域工作的前沿位置,提升自主发现、高效勘探和科学评价深海海底资源的能力,大幅提升国际海域环境调查、评价与认知能力。与此同时,国土资源部印发的《"十三五"科技创新发展规划》提出了"十三五"期间要以深海

---

① "国家中长期科学和技术发展规划纲要(2006—2020 年)",中华人民共和国中央人民政府网,http://www.gov.cn/jrzg/2006 - 02/09/content_183787.htm,最后访问日期:2017 年 5 月 17 日。

② "国家中长期科学和技术发展规划纲要(2006—2020 年)",中华人民共和国中央人民政府网,http://www.gov.cn/jrzg/2006 - 02/09/content_183787.htm,最后访问日期:2017 年 5 月 17 日。

为重要主攻方向和突破口,构建向深海空间拓展的国土资源战略科技新格局。特别强调了向深海空间拓展,推进深海矿产资源勘查。①

《深海法》将深海科学技术列入科学技术发展的优先领域,体现了我国政府的高瞻远瞩,对深海事业的全面谋划。第一,深海海底区域勘探、开发有赖于我国科学技术总体能力的支撑,将深海科学技术列入科学技术发展的优先领域,更快促进我国勘探、开发深海海底资源和保护海洋环境能力的提升,确保以强大的科学技术和人才实力支持我国走向深海的战略。第二,深海是海洋科学技术发展的最前沿与制高点,将深海科学技术列入科学技术发展的优先领域,必将带动和提升海洋资源开发和海洋环境保护的整体能力,以深海领跑海洋,是海洋强国建设的重要内容。第三,"下五洋"与"上九天"的技术完全可以等量齐观。深海作为战略新疆域的高地,将深海科学技术列入科学技术发展的优先领域,有助于加深"四深"战略高技术的融合发展,培育和发展战略性新兴产业,也将对相关领域与行业的科学技术及装备发展形成强劲的辐射与带动。

第三节　深海海底区域资源勘探开发 活动应急处置管理办法

深海海底资源勘探、开发活动区域远离陆地,尤其是未来的商业开发涉及大范围的海洋环境和重大工程装备的应用,应充分重视海洋环境保护、人身财产安全等方面的建设,未雨绸缪,建立应对突发事件的应急处置机制。我国相关法律对突发事件的应急处置作了明确规定。我国《突发事件应对法》规定:国家建立健全突发事件应急预案体系。国际海底制度对建立应急处置机制提出了明确规定,载于管理局制定的探矿、勘探规章;法律与技术委员会出台的相关指南;管理局与深海海底区域活动承包者签订的勘探合同等文件中。按照我国《深海法》和实践要求,亟须就深海海底区域资源勘探开发应急处置机制问题制定具体配套办法(简称"应急管理办法")。

---

① "国土资源部印发'十三五'科技创新发展规划",中华人民共和国国土资源部网,http://www.mlr.gov.cn/xwdt/jrxw/201609/t20160905_1416076.htm,最后访问日期:2017年4月6日。

一、制定应急管理办法的必要性

深海海底区域资源勘探、开发活动应急处置机制的国际法律规则较为完善。管理局在 2000 年、2010 年和 2012 年,就深海海底区域内的三种矿产资源,即多金属结核、多金属硫化物和富钴铁锰结壳,先后通过了三个"探矿和勘探规章"——《"区域"内多金属结核探矿和勘探规章》《"区域"内多金属硫化物探矿和勘探规章》和《"区域"内富钴铁锰结壳探矿和勘探规章》。三个规章为在深海海底区域相关资源的勘探活动规定了一套系统的程序和规则,其中包括应急处置机制,使《海洋法公约》中规定的有关深海海底区域的原则和制度进一步具体化。此外,管理局还制定了涉及应急处置机制的指南、建议等"软法",对勘探合同承包者提出要求和指导,主要包括《指导承包者评估区域内多金属结核勘探活动可能对环境造成的影响的建议》等。

我国相关法律对突发事件的应急处置也作了明确规定。我国《安全法》指出:国家坚持和平探索和利用国际海底区域,增强安全进出、科学考察、开发利用的能力,加强国际合作,维护我国在国际海底区域的活动、资产和其他利益的安全。我国《突发事件应对法》规定:国家建立健全突发事件应急预案体系。国务院制定国家突发事件总体应急预案,组织制定国家突发事件专项应急预案;国务院有关部门根据各自的职责和国务院相关应急预案,制定国家突发事件部门应急预案。但是,除《深海法》外,我国现行的相关法律法规,例如《矿产资源法》《矿产资源法实施细则》《安全生产法》等适用的均是国家管辖海域,并不适用国家管辖范围以外的深海海底区域。深海海底区域资源勘探、开发活动建设、运行应急处置机制需要按照《深海法》的要求,参照国际法相关规定,制定专门的细化配套规定。

随着我国对深海海底区域资源需求的增加,以及深海科学技术、装备的迅速发展,我国进入深海的意愿在不断增强,进入深海的主体也趋于多元化。深海海底区域资源勘探开发活动作业区远离陆地,作业时间长、风险高,存在诸多不确定性,也发生过船只碰撞、沉没、人身安全、失火等突发事件。实践证明,应急处置机制对防止海洋环境污染、人身财产损失具有重要意义。

《深海法》的制定与出台,是我国法治海洋建设的重要内容,也是我国积极履行国际义务的重要体现,对于我国海洋事业持续健康发展和人类和平利用深海海底区域资源具有重要意义。但是仅有一部《深海法》并不能保证我国主体安全、规范地进行深海海底区域资源勘探、开发活动。我国《安全法》规定：国家坚持和平探索和利用国际海底区域，增强安全进出、科学考察、开发利用的能力，加强国际合作，维护我国在国际海底区域的活动、资产和其他利益的安全。尤其是《深海法》第 11 条明确规定了应急处置机制，但只是做了原则性规定，深海海底区域资源勘探、开发实践还需要支撑性规则及配套制度的指引。

二、应急处置机制的具体问题

深海勘探、开发活动远离大陆，风险性强，首先需要健全深海活动安全体系，整合优化应急力量和资源，推动形成统一指挥、专常兼备、反应灵敏、上下联动的深海活动应急管理体制。虽然国务院海洋主管部门负责管理我国深海海底区域资源勘探、开发活动，但是从 2018 年开始，我国新组建了应急管理部，职责包括：组织编制国家应急总体预案和规划；指导各地区各部门应对突发事件工作；推动应急预案体系建设和预案演练等。笔者建议应以我国海洋主管部门和应急管理部为核心，建立深海活动应急管理体制管理。①

深海海底区域资源勘探开发活动应急处置管理可包含环境污染损害、救生、气象保障、卫生防疫、涉外及海空情况、指挥通信和保密 7 个方面。环境污染损害应急预案主要解决在海上任务时，由于各种情况导致的海洋环境污染损害或损害威胁的问题。救生应急预案解决在航行作业中由于海上风大、浪险、作业甲板湿滑等原因导致的人员落水问题。气象保障应急预案解决面对海上突发极端、恶劣的气象威胁，最大限度地减少因恶劣气象对航行作业影响的问题。卫生防疫应急预案主要解决由于航次任务时间紧、任务重，长时间海

---

① 2018 年 3 月，根据第十三届全国人民代表大会第一次会议批准的《国务院机构改革方案》，中华人民共和国应急管理部设立。应急管理部的职责为：组织编制国家应急总体预案和规划，指导各地区各部门应对突发事件工作，推动应急预案体系建设和预案演练；建立灾情报告系统并统一发布灾情，统筹应急力量建设和物资储备并在救灾时统一调度，组织灾害救助体系建设，指导安全生产类、自然灾害类应急救援，承担国家应对特别重大灾害指挥部工作；指导火灾、水旱灾害、地质灾害等防治；负责安全生产综合监督管理和工矿商贸行业安全生产监督管理等。参见"关于国务院机构改革方案的说明"，新华网，http://www.xinhuanet.com/politics/2018lh/2018 - 03/14/c_1122533011.htm，最后访问日期：2018 年 8 月 17 日。

上生活等原因出现的危重病员的问题。涉外及海空情况应急预案主要解决外籍舰船、飞机对我国侦照、跟踪,甚至登船等突发情况的问题。指挥通信应急预案主要解决在发生海难、重大机械故障、公共卫生事件和疫情、海盗和恐怖袭击等紧急情况时,保证应急通信迅速、高效、有序进行的问题。保密应急预案主要解决在发生造成泄密的事件时,保证船舶行动、信息资料、秘密文件、数据的安全问题。

第九章　结　语

　　自我国第一部专门规范深海海底区域活动的法律——《中华人民共和国深海海底区域资源勘探开发法》于 2016 年 2 月 26 日通过,我国便拉开了构建深海法律体系的大幕,按照国家海洋主管部门的规划,2017 年 5 月发布的《深海海底区域资源勘探开发许可管理办法》只是完善《深海法》配套法规的第一部,更多的配套法规将陆续问世。这些法律法规将一同为我国深海海底区域活动保驾护航。

　　尽管构建深海法律体系是一个循序渐进的过程,但是我国对于深海法律体系的需求比较急迫。一是我国需尽快制定深海行政法规、部门规章和采用行政措施来履行担保国责任;二是我国政府部门、企业、科研机构等不同主体进入深海活动的兴趣与日俱增,但深海勘探与开发等活动的有序进行有赖于深海法律体系的确立。然而,随着国际海底区域资源开发规章制定工作的逐步开展与国际海底管理局定期审查的稳步推进,深海海底区域国际法律秩序正经历着大调整与改革,构建我国深海法律体系正处在一个变革的深海法律秩序时代。因此,试图一劳永逸地为我国政府、深海海底区域活动的承包者及其他相关当事人进行深海海底区域活动提供完善的解决方案是不科学的。

　　构建深海法律体系需统筹规划,既要结合我国深海实践、深海法律基础,又要考虑深海科技发展、深海商业开发时机的预判、国际制度和规则的发展;既要维持法律规则的稳定性,也需要保持深海相关技术标准、规程的开放性。需在充分研究的基础上,统一规划,兼顾近期/中期/远期目标,按进度安排,最终做到整个法规体系内容完善、层次分明、结构合理。

　　在构建配套法规体系的过程中,国务院海洋主管部门应时刻保持"以我为主"的核心意识,不仅需要制定职权范围内的配套法规,还应依据《深海法》,联合相关政府部门共同构建配套法律体系。在这一过程中,国务院海洋主管部门应当占据主导地位,运筹帷幄。具体来讲,对于深海法中促进深海科技发展、人才培养、企业鼓励、深海公共平台等规定,应依据《深海法》第5条确立的管理体制,国务院海洋主管部门应积极主动联合其他职能部门,促进出台指导意见,将相关政府部门的管理职能统一纳入以《深海法》为基石的法规体系中,避免造成各自为政的局面。

在构建我国深海法律体系的步骤方面,深海法律体系的构建是一个循序渐进的过程,应当步步为营、稳扎稳打,以深海战略为指导,以《深海法》为依据,以深海实践需求为导向,逐步构建配套法规体系。具体步骤如下:

第一,应当尽快出台修订后的《深海海底区域资源勘探开发许可办法》以解决深海实践急切需求。第二,其他配套规章(暂行)陆续出台跟进。第三,运行的暂行配套规章在实践中应吸收来自社会各界的立法意见,对这些有益立法意见予以吸收消化,并以此为基础制定《实施条例草案》。《实施条例草案》应对深海法的基本概念进行界定,规定具体适用的标准及执行程序,从而不仅使《深海法》具有更强的操作性,还可以弥补《深海法》条文的疏漏之处,使《深海法》条文发挥具体入微的工作效应,从而达到规范深海海底区域勘探、开发及相关活动,履行担保国责任的立法目的。第四,将《实施条例草案》纳入国务院立法规划,以推动其尽早出台。第五,以《深海法》和出台后的《深海法实施条例》为法律依据,对各暂行配套规章予以修改,出台正式版本的配套规章。

在形式方面,深海活动中涉及的一些法律制度在《实施条例》中仍然不能得到充分体现,出台行政规章是国务院海洋主管部门为使相关机关和深海活动实体更好地贯彻执行《深海法》,结合实际情况对其所做的详细的、具体的解释和补充。规范性文件形式灵活、制定程序简便,在出台行政规章之前,对于法律制度可以采取规范性文件形式,待实践发展以及制定行政规章条件成熟时再制定行政规章。深海实践活动发展迅速,相关装备、技术、环境标准更新较快,这些内容可以以指南/规程/标准等较为灵活的形式予以规定。我国深海法律体系如表9-1所示。

表9－1 我国深海法律体系

层 级	名 称	位 阶
第一层级	《深海海底区域资源勘探开发法》	法律
第二层级	《深海海底区域资源勘探开发法实施条例》	行政法规
第三层级	《深海海底区域资源勘探开发许可管理办法》 《深海海底区域资源勘探开发样品汇交管理办法》 《深海海底区域资源勘探开发资料汇交管理办法》 《深海海底区域资源勘探开发环境保护管理办法》 《深海海底区域资源勘探开发活动应急处置管理办法》	部门规章 部门规章 部门规章 部门规章 部门规章
第四层级	《促进深海科学技术发展和人才培养的指导意见》 深海海底区域资源活动的相关指南、规程、标准等	规范性文件 规范性文件

附　录

中华人民共和国深海海底区域资源勘探开发法①

第一章　总　　则

第一条　为了规范深海海底区域资源勘探、开发活动,推进深海科学技术研究、资源调查,保护海洋环境,促进深海海底区域资源可持续利用,维护人类共同利益,制定本法。

第二条　中华人民共和国的公民、法人或者其他组织从事深海海底区域资源勘探、开发和相关环境保护、科学技术研究、资源调查活动,适用本法。

本法所称深海海底区域,是指中华人民共和国和其他国家管辖范围以外的海床、洋底及其底土。

第三条　深海海底区域资源勘探、开发活动应当坚持和平利用、合作共享、保护环境、维护人类共同利益的原则。

国家保护从事深海海底区域资源勘探、开发和资源调查活动的中华人民共和国公民、法人或者其他组织的正当权益。

第四条　国家制定有关深海海底区域资源勘探、开发规划,并采取经济、技术政策和措施,鼓励深海科学技术研究和资源调查,提升资源勘探、开发和海洋环境保护的能力。

第五条　国务院海洋主管部门负责对深海海底区域资源勘探、开发和资源调查活动的监督管理。国务院其他有关部门按照国务院规定的职责负责相关管理工作。

---

① 2016 年 2 月 26 日,第十二届全国人民代表大会常务委员会第十九次会议通过。

第六条　国家鼓励和支持在深海海底区域资源勘探、开发和相关环境保护、资源调查、科学技术研究和教育培训等方面,开展国际合作。

第二章　勘探、开发

第七条　中华人民共和国的公民、法人或者其他组织在向国际海底管理局申请从事深海海底区域资源勘探、开发活动前,应当向国务院海洋主管部门提出申请,并提交下列材料:

(一)申请者基本情况;

(二)拟勘探、开发区域位置、面积、矿产种类等说明;

(三)财务状况、投资能力证明和技术能力说明;

(四)勘探、开发工作计划,包括勘探、开发活动可能对海洋环境造成影响的相关资料,海洋环境严重损害等的应急预案;

(五)国务院海洋主管部门规定的其他材料。

第八条　国务院海洋主管部门应当对申请者提交的材料进行审查,对于符合国家利益并具备资金、技术、装备等能力条件的,应当在六十个工作日内予以许可,并出具相关文件。

获得许可的申请者在与国际海底管理局签订勘探、开发合同成为承包者后,方可从事勘探、开发活动。

承包者应当自勘探、开发合同签订之日起三十日内,将合同副本报国务院海洋主管部门备案。

国务院海洋主管部门应当将承包者及其勘探、开发的区域位置、面积等信息通报有关机关。

第九条　承包者对勘探、开发合同区域内特定资源享有相应的专属勘探、开发权。

承包者应当履行勘探、开发合同义务,保障从事勘探、开发作业人员的人身安全,保护海洋环境。

承包者从事勘探、开发作业应当保护作业区域内的文物、铺设物等。

承包者从事勘探、开发作业还应当遵守中华人民共和国有关安全生产、劳动保护方面的法律、行政法规。

第十条　承包者在转让勘探、开发合同的权利、义务前,或者在对勘探、开发合同作出重大变更前,应当报经国务院海洋主管部门同意。

承包者应当自勘探、开发合同转让、变更或者终止之日起三十日内,报国务院海洋主管部门备案。

国务院海洋主管部门应当及时将勘探、开发合同转让、变更或者终止的信息通报有关机关。

第十一条　发生或者可能发生严重损害海洋环境等事故,承包者应当立即启动应急预案,并采取下列措施:

(一)立即发出警报;

(二)立即报告国务院海洋主管部门,国务院海洋主管部门应当及时通报有关机关;

(三)采取一切实际可行与合理的措施,防止、减少、控制对人身、财产、海洋环境的损害。

第三章　环 境 保 护

第十二条　承包者应当在合理、可行的范围内,利用可获得的先进技术,采取必要措施,防止、减少、控制勘探、开发区域内的活动对海洋环境造成的污染和其他危害。

第十三条　承包者应当按照勘探、开发合同的约定和要求、国务院海洋主管部门规定,调查研究勘探、开发区域的海洋状况,确定环境基线,评估勘探、开发活动可能对海洋环境的影响;制定和执行环境监测方案,监测勘探、开发活动对勘探、开发区域海洋环境的影响,并保证监测设备正常运行,保存原始监测记录。

第十四条　承包者从事勘探、开发活动应当采取必要措施,保护和保全稀有或者脆弱的生态系统,以及衰竭、受威胁或者有灭绝危险的物种和其他海洋生物的生存环境,保护海洋生物多样性,维护海洋资源的可持续利用。

第四章　科学技术研究与资源调查

第十五条　国家支持深海科学技术研究和专业人才培养,将深海科学技术列入科学技术发展的优先领域,鼓励与相关产业的合作研究。

国家支持企业进行深海科学技术研究与技术装备研发。

第十六条 国家支持深海公共平台的建设和运行,建立深海公共平台共享合作机制,为深海科学技术研究、资源调查活动提供专业服务,促进深海科学技术交流、合作及成果共享。

第十七条 国家鼓励单位和个人通过开放科学考察船舶、实验室、陈列室和其他场地、设施,举办讲座或者提供咨询等多种方式,开展深海科学普及活动。

第十八条 从事深海海底区域资源调查活动的公民、法人或者其他组织,应当按照有关规定将有关资料副本、实物样本或者目录汇交国务院海洋主管部门和其他相关部门。负责接受汇交的部门应当对汇交的资料和实物样本进行登记、保管,并按照有关规定向社会提供利用。

承包者从事深海海底区域资源勘探、开发活动取得的有关资料、实物样本等的汇交,适用前款规定。

第五章 监 督 检 查

第十九条 国务院海洋主管部门应当对承包者勘探、开发活动进行监督检查。

第二十条 承包者应当定期向国务院海洋主管部门报告下列履行勘探、开发合同的事项:

(一)勘探、开发活动情况;

(二)环境监测情况;

(三)年度投资情况;

(四)国务院海洋主管部门要求的其他事项。

第二十一条 国务院海洋主管部门可以检查承包者用于勘探、开发活动的船舶、设施、设备以及航海日志、记录、数据等。

第二十二条 承包者应当对国务院海洋主管部门的监督检查予以协助、配合。

第六章 法 律 责 任

第二十三条 违反本法第七条、第九条第二款、第十条第一款规定,有下列行为之一的,国务院海洋主管部门可以撤销许可并撤回相关文件:

（一）提交虚假材料取得许可的；

（二）不履行勘探、开发合同义务或者履行合同义务不符合约定的；

（三）未经同意，转让勘探、开发合同的权利、义务或者对勘探、开发合同作出重大变更的。

承包者有前款第二项行为的，还应当承担相应的赔偿责任。

第二十四条 违反本法第八条第三款、第十条第二款、第十八条、第二十条、第二十二条规定，有下列行为之一的，由国务院海洋主管部门责令改正，处二万元以上十万元以下的罚款：

（一）未按规定将勘探、开发合同副本报备案的；

（二）转让、变更或者终止勘探、开发合同，未按规定报备案的；

（三）未按规定汇交有关资料副本、实物样本或者目录的；

（四）未按规定报告履行勘探、开发合同事项的；

（五）不协助、配合监督检查的。

第二十五条 违反本法第八条第二款规定，未经许可或者未签订勘探、开发合同从事深海海底区域资源勘探、开发活动的，由国务院海洋主管部门责令停止违法行为，处十万元以上五十万元以下的罚款；有违法所得的，并处没收违法所得。

第二十六条 违反本法第九条第三款、第十一条、第十二条规定，造成海洋环境污染损害或者作业区域内文物、铺设物等损害的，由国务院海洋主管部门责令停止违法行为，处五十万元以上一百万元以下的罚款；构成犯罪的，依法追究刑事责任。

第七章　附　　则

第二十七条 本法下列用语的含义：

（一）勘探，是指在深海海底区域探寻资源，分析资源，使用和测试资源采集系统和设备、加工设施及运输系统，以及对开发时应当考虑的环境、技术、经济、商业和其他有关因素的研究。

（二）开发，是指在深海海底区域为商业目的收回并选取资源，包括建造和操作为生产和销售资源服务的采集、加工和运输系统。

（三）资源调查，是指在深海海底区域搜寻资源，包括估计资源成分、多少和分布情况及经济价值。

　　第二十八条　深海海底区域资源开发活动涉税事项,依照中华人民共和国税收法律、行政法规的规定执行。

　　第二十九条　本法自 2016 年 5 月 1 日起施行。

参考文献

中文资料

1. 赵淑江.海洋环境学[M].北京：海洋出版社,2011.

2. 李红云.国际海底与国际法[M].北京：现代出版社,1997.

3. 中国大洋协会办公室.国际海底区域资源探矿和勘探规章[M].北京：海洋出版社,2015.

4. 张梓太,沈灏,张闻昭.深海海底资源勘探开发法研究[M].上海：复旦大学出版社,2015.

5. 杨剑.深海、极地、网络、外空：新疆域的治理关乎人类共同未来[J].世界知识,2017(10).

6. 姜秉国.中国深海战略性资源开发产业化发展研究——以深海矿产和生物资源开发为例[D].青岛：中国海洋大学管理学院,2011.

7. 中国在国际海底区域的活动[J].国务资源科普与文化,2015(2).

8. 宁清同.海洋环境资源法学[M].北京：法律出版社,2017.

9. 莫杰,蔡乾忠,姚长新.海洋矿产之源[M].北京：海洋出版社,2012.

10. 薛桂芳.蓝色的较量——维护我国海洋权益的大博弈[M].北京：中国政法大学出版社,2015.

11. 陈德恭.现代国际海洋法[M].北京：海洋出版社,2009.

12. 萨切雅·南丹.1982年《联合国海洋法公约》评注[M].毛彬,译.北京：海洋出版社,2009.

13. 吕文生,杨鹏.矿产资源法基础[M].北京：化学工业出版社,2009.

14. 陆浩.中华人民共和国深海海底区域资源勘探开发法解读[M].北京：中国法制出版社,2017.

15. 拉扎列夫.法与国家的一般理论[M].王哲等,译.北京:法律出版社,1999.

16. 蒋志刚.保护生物学[M].杭州:浙江科学技术出版社,1997.

17. 约瑟夫·拉兹.法律体系的概念[M].吴玉章,译,北京:中国法制出版社,2003.

18. 王曦.国际环境法[M].北京:法律出版社,2005.

19. 张文显.法理学[M].北京:高等教育出版社,2003.

20. 赵淑江等.海洋环境学[M].北京:海洋出版社,2011.

21. 张皓若,卞耀武.中华人民共和国海洋环境保护法释义[M].北京:法律出版社,2000.

22. 江家栋,曹海宁,阮智刚.中外海洋法律与政策比较研究[M].北京:中国人民公安大学出版社,2014.

23. 赵理海.当代海洋法的理论与实践[M].北京:法律出版社,1987.

24. 张丹,贾宇.中国的大洋事业[M].北京:五洲传播出版社,2014.

25. 金建才.走向深海大洋是建设海洋强国的必然选择[J].海洋开发与管理,2012(12).

26. 阳宁,陈国光.深海矿产资源开采技术的现状与发展趋势[J].凿岩机械气动工,2010(1).

27. 王道伟,赵长德,肖占军.简论国家安全利益在海洋空间的拓展[J].海洋开发与管理,2009(6).

28. 翟勇.各国深海海底资源勘探开发立法情况[J].中国人大,2016(5).

29. 薛桂芳,于海涛.论我国地方海洋行政管理体制的优化[J].海洋环境科学,2016,35(3).

30. 思源.中国大洋勘探历程[J].海洋世界,2007(1).

31. 高艳波,李慧青,柴玉萍,麻常雷.深海高技术发展现状及趋势[J].海洋技术,2010,29(3).

32. 国家海洋局海洋发展战略研究所课题组.中国海洋发展报告(2015)[M].北京:海洋出版社,2015.

33. 邢望望.海洋地理不利国问题之中国视角再审视[J].太平洋学报,2016,26(1).

34. 何宗玉,林景高,杨保华,刘少军.国际海底区域采矿规章制定的进展与主张[J].太平洋学报,2016,24(10).

35. 张志铭.转型中国的法律体系建构[J].中国法学,2009(2).

36. 汤喆峰,司玉琢.论中国海法体系及其构建[J].中国海商法研究,2013,24(3).

37. 陆浩.深海海底区域资源勘探开发立法的理论与实践[J].中国人大杂志,2016(15).

38. 项雪平.中国深海采矿立法探析——以国际海底区域采矿规则的晚近发展为基础[J].法治研究,2014(11).

39. 牟文富.海洋元叙事:海权对海洋法律秩序的塑造[J].世界经济与政治,2014(7).

40. 胡起生.海洋秩序与民族国家:海洋政治地理视角中的民族国家构建分析[M].哈尔滨:黑龙江人民出版社,2003.

41. 史春林.20世纪90年代以来关于海权概念与内涵研究述评[J].中国海洋大学学报(社会科学版),2007(2).

42. 张炜,郑宏.影响历史的海权论——马汉《海权论对历史的影响(1660—1783)》浅说[M].北京:军事科学出版社,2000.

43. 徐向华,周欣.我国法律体系形成中法律的配套立法[J].中国法学,2010(4).

44. 钱大军,马新福.法律体系的重释——兼对我国既有法律体系理论的初步反思[J].吉林大学社会科学学报,2007,47(2).

45. 高岚君."全人类共同利益"与国际法[J].河北法学,2009,27(1).

46. 刘画洁.国外深海底矿产资源许可制度比较与借鉴[J].江苏大学学报(社会科学版),2015,17(2).

47. 王宏.为人类和平利用深海资源作贡献[N].人民日报,2016-03-02(15).

48. 吴邦国.为形成中国特色社会主义法律体系而奋斗[N].人民日报,2004-02-01(02).

49. 刘宁武.助推企业投身深海矿产勘探开发事业[N].中国海洋报,2017-04-01(A2).

50. 刘峰.中国大洋事业发展的里程碑[N].中国海洋报,2016-03-21(A2).

51. 习近平.习近平：创新驱动实质上是人才驱动[N].上海科技报，2015-03-10(A1).

52. 陈丽平.汇交资料应向社会提供利用[N].法制日报,2016-02-25(03).

53. 颜敏.为人类命运共同体发展做出新贡献[N].中国海洋报,2016-03-21(A2).

54. 刘冬花.论海洋空间的社会建构[D].青岛：中国海洋大学管理学院,2012.

55. 深海海底区域资源勘探开发许可管理办法[N/OL].(2017-05-03)[2018-02-09]http://www.soa.gov.cn/zwgk/gfxwj/jddy/201705/t20170503_55849.html.

56. 载人潜水器潜航学员选拔要求(医学部分)和载人潜水器潜航学员培训大纲[N/OL].(2017-02-22)[2018-03-21]http://www.soa.gov.cn/zwgk/hygb/gjhyjgg/201702/t20170222_54898.html.

57. 我国潜航学员选拔和培训标准正式发布[N/OL].(2017-02-26)[2018-03-21]http://news.xinhuanet.com/tech/2017-02/26/c_1120531238.htm.

58. "海洋六号"随船见闻及对我海洋科考事业发展思考[N/OL].(2012-10-22)[2019-05-22]http://www.gov.cn/gzdt/2012-10/22/content_2248651.htm.

59. 关注深海保护 中国命名国际海底地名达77处[N/OL].(2018-05-30)[2018-09-20]http://m.xinhuanet.com/video/2018-05/30/c_129882915.htm.

60. 傅崐成.我国是"海洋地理相对不利国家"[N/OL].(2016-05-09)[2019-09-12]https://www.guancha.cn/FuKunCheng/2016_05_09_359501.shtml.

61. 习近平.为建设世界科技强国而奋斗[N/OL].(2016-05-31)[2019-03-03]http://www.xinhuanet.com//politics/2016-05/31/c_1118965169.htm.

62. 海底资源[N/OL].[2016-08-17]http://china-isa.jm.china-embassy.org/chn/.

63. 海洋局局长就我国大力发展深海高新技术等答问[N/OL].(2006 - 01 - 26)[2017 - 03 - 20]http://www.gov.cn/zwhd/2006 - 01/26/content_171995.htm.

64. 国际海域工作信息[N/OL].[2017 - 02 - 23]http://www.comra.org/index.htm.

65. 吴邦国.十一届全国人大四次会议工作报告[R/OL].(2011 - 03 - 10)[2017 - 05 - 20]http://www.gov.cn/2011lh/content_1821675.htm.

66. 我国深海法配套制度不断完善[N/OL].(2017 - 05 - 08)[2017 - 06 - 29]http://www.gov.cn/xinwen/2017 - 05/08/content_5191738.htm.

67. 实现中华民族海洋强国梦的科学指南[N/OL].(2017 - 08 - 31)[2017 - 10 - 29] http://www.qstheory.cn/dukan/qs/2017 - 08/31/c_1121561793.htm.

68. 王宏.深海法助力我国建设海洋强国[N/OL].(2017 - 05 - 03)[2017 - 06 - 16]http://www.soa.gov.cn/xw/hyyw_90/201705/t20170503_55851.html.

69. 刘峰.深海法推动完善深海法律体系顶层设计[N/OL].(2017 - 05 - 15)[2017 - 05 - 23]http://www.comra.org/2017 - 05/15/content_9481537.htm.

70. 英国SMD被南车子公司收购[N/OL].(2015 - 04 - 17)[2017 - 03 - 22]http://money.163.com/15/0417/03/ANCFJROK00253B0H.html.

71. 中国五矿与国际海底管理局签署多金属结核勘探合同[R/OL].(2017 - 05 - 31)[2017 - 06 - 18]http://www.explore.minmetals.com.cn/xwdt_4612/gsxw/201705/t20170531_225724.html.

72. "彩虹鱼"成功挑战万米深渊[N/OL].(2016 - 12 - 30)[2017 - 06 - 20]http://www.rainbowfish11000.com/home.html.

73. 引领深海新兴产业发展《中华人民共和国深海海底区域资源勘探开发法》解读[N/OL].(2016 - 04 - 07)[2017 - 03 - 18]http://www.ce.cn/xwzx/gnsz/gdxw/201604/07/t20160407_10204603.shtml.

74. 卜文瑞.规范深海海底区域资源勘探开发,推进深海资料样品共享[N/OL].(2016 - 03 - 25)[2017 - 05 - 10]http://www.fio.org.cn/article/2016/03/2016032510461192121.htm.

75. 提高深海环境保护意识[N/OL].(2015 - 12 - 17)[2017 - 02 - 23] http://www.npc.gov.cn/npc/zgrdzz/2015 - 12/17/content_1954910.htm.

76. 吴慧.千呼万唤始出来,映日荷花别样红——《中华人民共和国深海海底区域资源勘探开发法》是我国履行国际义务及促进国际法发展的重要表现[N/OL].(2016 - 03 - 21)[2017 - 02 - 20]http://www.comra.org/2016 - 03/21/content_8649472.

77. 陆浩.关于《中华人民共和国深海海底区域资源勘探开发法(草案)》的说明[N/OL].(2015 - 11 - 09)[2017 - 05 - 22]http://www.npc.gov.cn/npc/lfzt/rlyw/2015 - 11/09/content_1950725.htm.

78. 国家中长期科学和技术发展规划纲要(2006—2020 年)[N/OL].(2006 - 02 - 09)[2017 - 05 - 17]http://www.gov.cn/jrzg/2006 - 02/09/content_183787.htm.

79. 国土资源部印发"十三五"科技创新发展规划[N/OL].(2016 - 09 - 05)[2017 - 04 - 06]http://www.mlr.gov.cn/xwdt/jrxw/201609/t20160905_1416076.htm.

80. 中国深海探索　让海洋"透明"国际合作是潮流[N/OL].(2016 - 06 - 15)[2017 - 04 - 03]http://www.china.com.cn/haiyang/2016 - 06/15/content_38671365.htm.

81. 中华人民共和国外交部主要职责[N/OL].(2012 - 11 - 16)[2017 - 04 - 13]http://www.gov.cn/banshi/qy/rlzy/2012 - 11/16/content_2267994.htm.

英文资料

1. Marawa Research and Exploration Ltd. Submission to the International Seabed Authority Regarding the Development and Implementation of a Payment Mechanism in the Area[R/OL]. May 2015[2017 - 04 - 06]. http://www.isa.org.jm/sites/default/files/marawa_comments_29_may_payment_mechanism.pdf.

2. The MIDAS Consortium. Discussion Paper on the Development and Implementation of a Payment Mechanism in the Area — MIDAS Comments[R/OL]. May 2015[2017 - 06 - 06]. http://www.isa.org.jm/sites/default/

files./midas_input_discussion_paper_on_payment_mechanism_in_the_area_dr_29_may_2015_2.pdf.

3. Martin Dixon, Robert McCorquodale & Sarah Williams. Cases & Materials on International Law[M]. 5th ed., Oxford University Press, 2011.

4. Draft regulations on exploitation of mineral resources in the Area[R/OL]. ISBA/23/C/12.

5. Decision of the Assembly of the International Seabed Authority relating to the regulation on prospecting and exploration for polymetallic sulphides in the Area[R/OL].ISBA/16/A/12/Rev.1.

6. Decision of the Assembly of the International Seabed Authority relating to the regulation on prospecting and exploration for Cobalt-rich Ferromanganese Crusts in the Area[R/OL]. ISBA/18/A/11.

7. Donald R. Rothwell, Professor of International Law, Australian National University, Alex G. Oude Elferink, Professor of International Law of the Sea, University of Tromsø and Utrecht University, Karen N. Scott, Professor of Law, University of Canterbury, Tim Stephens, Professor of International Law. The Oxford handbook of the law of the sea [M]. University of Sydney. Oxford, United Kingdom: Oxford University Press, 2015.

8. Document A/6695 Malta. Request for the inclusion of a supplementary item in the agenda of the twenty-second session[R/OL]. United Nations General Assembly official records. Agenda item 92 Annexes. 22nd session. New York: 1967.

9. Examination of the question of the reservation exclusively for the peaceful purpose of seabed and the ocean floor, and the subsoil thereof, underlying the high seas beyond the limits of present national jurisdiction, and the use of their resources in the interests of mankind[R/OL]. United Nations General Assembly Resolution 2340 (XXII), 1639th plenary meeting, Dec. 18, 1967.

10. Declaration of principles governing the seabed and the ocean floor, and the subsoil thereof, beyond the limits of national jurisdiction[R/OL]. United Nations General Assembly Resolution 2749 (XXV), 1933rd plenary meeting, Dec.17, 1970.

11. Roe, Michael. 1954—. Maritime governance and policy-making[R/OL]. Michael Roe. London: Springer, 2013.

12. Official Records Volume XVI [R/OL]. Third United Nations Conference on the Law of the Sea, Eleventh Session, New York, 8 March-30 April, 1982.

13. J. Ashley Roach and Robert W. Smith. Leiden.. Excessive maritime claims[M]. Boston: Martinus Nijhoff Publishers, 2012.

14. Jack W. Harris. Maritime law: issues, challenges and implications [M]. New York: Nova Science Publishers, 2011.

15. Senate. Committee on Commerce, Science, and Transportation. Subcommittee on Oceans, Atmosphere, Fisheries, and Coast Guard. The future of ocean governance building our national ocean policy : hearing before the Subcommittee on Oceans, Atmosphere, Fisheries, and Coast Guard of the Committee on Commerce, Science, and Transportation[R/OL]. United States. Congress. United States Senate, One Hundred Eleventh Congress, first session, November 4, 2009. U.S. Government Printing Office, 2010.

16. William R. Slomanson. Fundamental Perspectives on International Law[R/OL]. Wadsworth/Thomson Learning.

17. Donald C. Baur, Tim Eichenberg, Michael Sutton. Ocean and coastal law and policy[R/OL]. Chicago: American Bar Association, 2008.

18. Galdorisi, George. Beyond the law of the sea: new directions for U. S. oceans policy[R/OL]. George V. Galdorisi and Kevin R. Vienna; foreword by William L. Schachte, Jr. Westport, Conn.: Praeger, 1997.

19. Sebenius, James K. Negotiating the Law of the Sea[M]. Cambridge, Mass.: Harvard University Press: 1984.

20. Hollick, Ann L. U.S. foreign policy and the law of the sea[M]. Ann

L. Hollick. Princeton, N.J.: Princeton University Press: 1981.

21. Montego Bay. United Nations Convention on the Law of the Sea[R/OL]. 10 Dec. 1982, 1833 UNTS 397.

22. Agreement relating to the Implementation of Part XI of the United Nations Convention on the Law of the Sea[R/OL]. New York, 28 Jul. 1994, United Nations General Assembly Resolution 48/263.

23. Report of the Chair of the Legal and Technical Commission on the work of the Commission at its session in 2017[R/OL]. ISBA/23/C/13.

24. Responsibilities and Obligations of States Sponsoring Persons and Entities with Respect to Activities in the Area, Advisory Opinion of 1 February 2011[R/OL]. para.25.

25. Work plan for the formulation of regulations for the exploitation of polymetallic nodules in the Area[R/OL]. Report of the Secretary-General, ISBA/18/C/4.

26. Seascape consultants ltd. Periodic Review of the International Seabed Authority pursuant to UNCLOS Article 154 Interim Report[R/OL]. ISBA/22/A/CRP.3 (1).

27. Comments by the Legal and Technical Commission on the Interim Report on the periodic review of the International Seabed Authority pursuant to Article 154 of the United Nations Convention of the Law of the Sea and the comments by the Review Committee[R/OL]. ISBA/22/A/CRP.3 (3).

28. Comments by the Finance Committee on the Interim Report on the periodic review of the International Seabed Authority pursuant to Article 154 of the United Nations Convention of the Law of the Sea and the comments by the Review Committee[R/OL]. ISBA/22/A/CRP.3 (4).

29. Letter dated 3 February 2017 from the Chair of the Committee established by the Assembly to carry out a periodic review of the international regime of the Area pursuant to article 154 of the United Nations Convention on the Law of the Sea to the Secretary-General of the International Seabed Authority[R/OL]. ISBA/23/A/3.

30. Comments by the Secretary-General on the recommendations contained in the final report on the periodic review of the International Seabed Authority pursuant to article 154 of the United Nations Convention on the Law of the Sea[R/OL]. ISBA/23/A/5.

31. Decision of the Assembly regarding the first periodic review of the international regime of the Area pursuant to article 154 of the United Nations Convention on the Law of the Sea[R/OL]. ISBA/21/A/9/Rev.1.

32. The United Kingdom Government, Submission in Response to the ISA March 2015 Discussion Paper on the Development and Implementation of a Payment Mechanism in the Area[R/OL]. May 2015[2017 - 04 - 22]http://www.Isa.Org.jm/sites/default/files/uk_submission_on_payment_mechanism_discussion_paper.pdf.

33. UK Seabed Resources Ltd. ,Comments on the Report to Members of the Authority and all Stakeholders on Developing a Regulatory Framework for Mineral Exploitation in the Area-Discussion Paper on the Development and Implementation of a Payment Mechanism in the Area[R/OL]. May 2015[2018 - 05 - 12]. http://www.isa.Org.jm/sites/default/files/uksr payment mechanism submission 29 may15.pdf.

34. Pacific Marine Analysis and Research Association, Report to Stakeholders (ISBA /Cons /2015 /2) [R/OL]. May 2015[2018 - 11 - 02]. http://www.isa.org.jm/sites/default/files/pacmara_response_to_isa_regulatory_framework.pdf.

35. Deep Ocean Resources Development Co., Ltd. , Responses to Developing a Regulatory Framework for Mineral Exploitation in the Area[R/OL]. May 2015[2017 - 07 - 02] http://www.isa.org.jm/sites/default/files/dord_isa_2_responses_by_dord.pdf.

36. IHC Merwede, Stakeholder Engagement for Developing a Regulatory Framework for Mineral Exploitation in the Area[R/OL]. May 2015[2018 - 03 - 22] http://www.isa.org.jm/sites/default/files/ihc_merwede_submission_to_isa_survey.pdf.

◆ 索 引